Stefanie Drecktrah

Das Übungsheft Rechtschreiben 4

Methodentraining und Diktate

Name: ______________________

Klasse: ______________

Mein Diktatmeister-Pass

Diktatmeister	Seite	Datum	Anzahl der richtig geschriebenen Wörter	Wie leicht fiel mir das? ☺ 😐 ☹
1	12			
2	24			
3	32			
4	42			
5	52			
6	62			

Mildenberger

Inhaltsverzeichnis

Nomen und Großschreibung

Verlängern, Auslautverhärtung

Wörter mit i, ie und -ine

Inhaltsverzeichnis

1 Im Zoo. Unterstreiche alle Nomen und schreibe sie mit Artikel auf.
Denke dabei an die der-die-das-Probe.

die Brille	der Hut
die Kinder	der Himmel
der Löwe	das Wasser
der Vogel	die Pommes

2 Zarah hat im Zoo ein Foto gemacht. Alle Nomen aus Aufgabe 1 müssen auf Zarahs Foto zu sehen sein. Welches Bild ist von Zarah? Kreuze an.

Zusammengesetzte Nomen sagen genauer, was gemeint ist.

1 Was gehört zusammen? Verbinde.

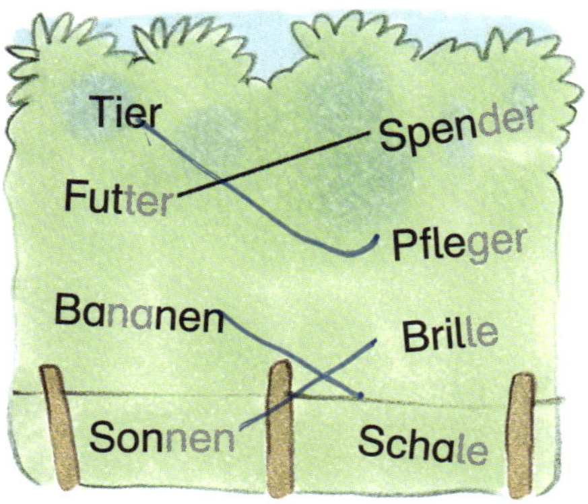

der Futterspender

der Tierpfleger

die Sonnenbrille

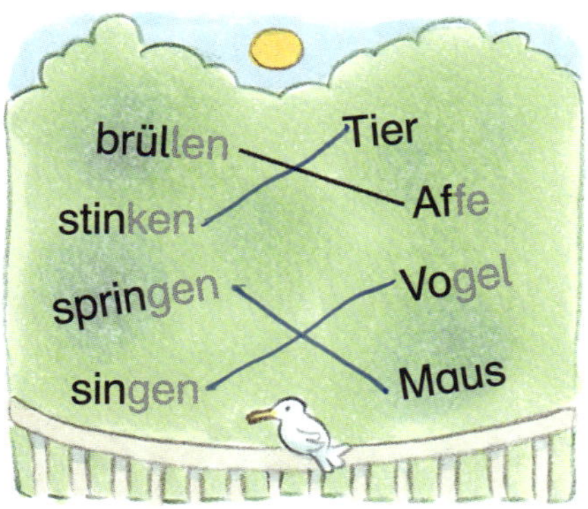

der Brüllaffe

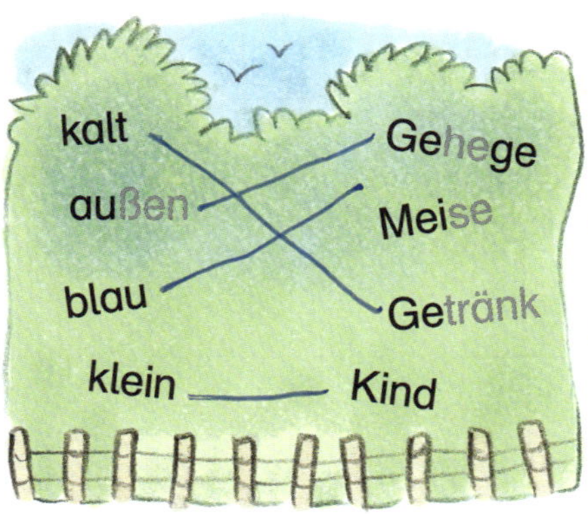

2 Schreibe die zusammengesetzten Nomen mit Artikel hinter die Pfeile.

Abstrakte Nomen

benennen Gefühle und anderes, das man nicht sehen kann.

1 Finde das richtige Nomen zu den Adjektiven und schreibe es mit Artikel auf.

ängstlich	wütend	hungrig
die Angst	______	______
stolz	freudig	ärgerlich
______	______	______
ekelig	fleißig	geizig
______	______	______
glücklich	liebevoll	löblich
______	______	______

2 Finde die abstrakten Nomen und schreibe sie mit Artikeln auf.

M	A	U	E	R	I	E
D	C	V	T	H	D	L
S	E	Ä	R	G	E	R
A	ß	T	O	A	E	B
A	R	M	S	P	A	ß
D	B	E	T	D	I	V

der Trost

______

______

______

Wörter, die die Endungen -heit, -keit, -nis und -ung haben, werden immer großgeschrieben.

1 -heit, -keit, -nis oder -ung?
Ergänze die Wörter.

das Geheimnis ______ die Leist______ die Mehr______

die Tapfer______ das Gedächt______ die Frei______

die Mein______ die Ewig______ die Heil______

die Erlaub______ die Höflich______ die Faul______

2 -heit, -keit, -nis oder -ung?
Trage die Wörter richtig ein.

geheim ______________________

gesund ______________________

spannend ______________________

finster ______________________

traurig ______________________

erlaubt ______________________

Verben als Subjekt

Bilden Verben das Satzglied **Subjekt**, werden sie großgeschrieben.

1 Finde für jedes Satzpaar ein passendes Verb aus dem Pool und schreibe die Wörter richtig in die Lücken.

verrühren | probieren | kneten | trennen | wiegen | ~~backen~~

Die Kinder backen __________ Kuchen.

Das Backen __________ macht allen Spaß.

Malte und Hanna __________ die Zutaten.

Das __________ ist nicht ganz einfach.

Dann __________ sie die Eier.

Das __________ fällt ihnen nicht leicht.

Die Kinder __________ alles.

Das __________ der Zutaten ist sehr wichtig.

Umut und Zarah __________ den Teig.

Das __________ ist harte Arbeit.

Am Ende __________ alle Kinder den Kuchen.

Das __________ ist das Beste beim Backen.

2 Unterstreiche in Aufgabe 1 bei allen Sätzen das Subjekt gelb und das Verb grün.

Höflichkeitsform

Die Pronomen (Fürwörter) in der Höflichkeitsform schreiben wir groß: **Sie**, **Ihnen**, **Ihr**, **Ihre**.

1 Umut schreibt seinem Lieblingsautor. Unterstreiche in der E-Mail die Pronomen, die großgeschrieben werden müssen.

Sehr geehrter Herr Maar,

ich habe gerade ihr Buch „Lippels Traum“ gelesen.

Ich wollte ihnen nur danken, dass sie so tolle Geschichten erfinden

und ihre Figuren aus den Büchern immer so nett sind.

Viele Grüße

ihr Umut

2 Schreibe die E-Mail richtig auf.

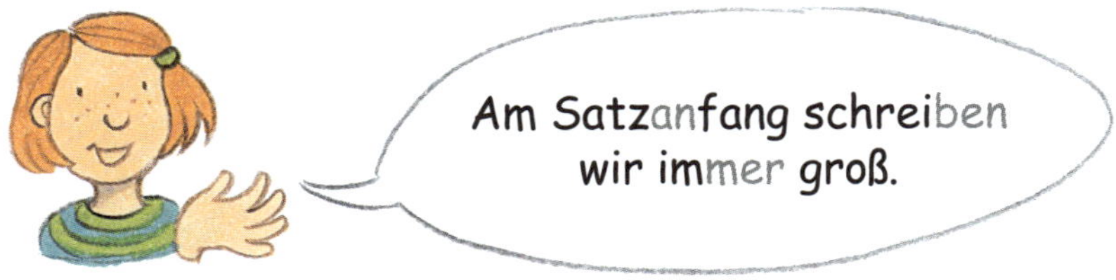

1 Unterstreiche alle Nomen.

malte liest ein spannendes buch: in afrika gibt es einen berg, auf dem schnee liegt. es ist ein vulkan und er heißt kilimandscharo. vor mehr als 300 jahren ist er zuletzt ausgebrochen. seitdem ruht er. rund um den berg gibt es savanne und sümpfe.

2 Schreibe den Text richtig ab.

1 Unterstreiche im Text alle Buchstaben, die großgeschrieben werden.

alle freunde waren auf einer rundreise.
in einer kutsche wurden sie zu dem
ausgangspunkt gebracht.
ihre safari führte sie zu termitenhügeln,
vorbei an elefanten und impalas.
nur ein rhinozeros sahen sie nicht.
interessant war es trotzdem
und ein tolles erlebnis.

sie wollen aber mehr insekten
und großtiere sehen. eine weitere
reise zu dem kontinent wird geplant
und sie sind voller optimismus,
dass sie ein weiteres naturspektakel
mit vielen tieren erleben werden.
in der nacht träumen sie von ihren
eindrücken und dann galoppieren
auch nashörner durch ihre träume.

2 Die unterstrichenen Buchstaben ergeben den Lösungssatz.
Schreibe ihn richtig auf.

20 min

A: Du hast ___ von 52 Wörtern richtig geschrieben.

B: Du hast ___ von 57 Wörtern richtig geschrieben.

1 Wie gut kennst du dich mit afrikanischen Tieren aus?
Ordne die Tiernamen dem Abc zu.
Aber Achtung: Den Namen fehlt immer der Anfangsbuchstabe.

A ntilope ______

B ______

C ______

D ______

E ______

F ______

G ______

H ______

K ______

M ______

N ______

O ______

P ______

S ______

T ______

V ______

W ______

Z ______

2 Welche Buchstaben des Alphabets fehlen?

______

d oder t? *b oder p?* *g oder k?*

Die richtige Schreibweise am Ende eines Wortes (Auslaut) findest du durch Verlängern.

Freunde – **Freund** legen – er **legt**

1 Bilde zuerst die zweisilbige Form.
Schreibe dann das einsilbige Wort richtig auf.

 d/t? Freun ___ Freunde ___ Freund

 d/t? Pfer ___ ______ ______

 b/p? Sie ___ ______ ______

 d/t? Lan ___ ______ ______

 g/k? Zu ___ ______ ______

 g/k? Ber ___ ______ ______

2 Schreibe das Wort richtig auf. Bilde immer zuerst die zweisilbige Form.

 d/t? Mon ___ Monde ___ Mond

 d/t? Zel ___ ______ ______

 d/t? Geis ___ ______ ______

 b/p? Kor ___ ______ ______

 b/p? Die ___ ______ ______

 g/k? Bur ___ ______ ______

1 Bilde immer zuerst die zweisilbige Form.

	d t ?	Hun	Hunde	Hund
	d t ?	Hu		
	d t ?	Wal		
	d t ?	As		
	d t ?	Hel		
	b p ?	Kal		
	g k ?	Ste		
	g k ?	Flu		

2 Trage die Wörter aus Aufgabe 1 an der richtigen Stelle ein.

Malte geht mit seinem  __________ Bax

im  __________ spazieren.

Da sieht er im Wasser des Bachs etwas!

Schnell läuft er mit einem  __________ auf den  __________.

Ein  __________ schnellt wie im  __________ an ihm vorbei,

aber Malte erwischt ihn trotzdem. Da kommt ein Bauer angerannt.

Er hat ein  __________ dabei und freut sich,

Malte und seinen  __________ zu sehen.

Für ihn ist Malte ein  __________.

1 d oder t? b oder p? g oder k?
Setze die richtigen Buchstaben ein und schreibe so:

 d/t ? Das Eis ist kal ◯. das kalte Eis

 g/k ? Der Tag ist sonni ◯. ____________

 g/k ? Der Sturm ist hefti ◯. ____________

 b/p ? Der Hund ist lie ◯. ____________

  d/t ? Der Film ist spannen ◯. ____________

 d/t ? Der Ball ist run ◯. ____________

 d/t ? Die Tür ist ro ◯. ____________

2 Welches Adjektiv wird gesucht?

Gegenteil von klar trüb

nicht hungrig, sondern … ____________

nicht sehend, sondern … ____________

nicht dumm, sondern … ____________

nicht vertraut, sondern … ____________

Erst ist man jung, dann … ____________

die Farbe der Sonne ____________

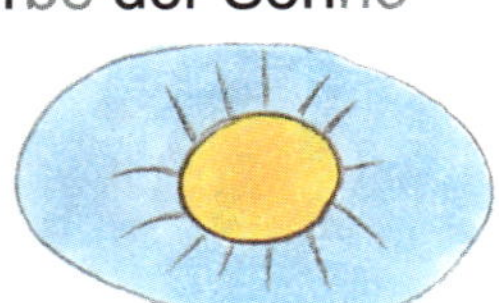

1 d oder t? b oder p? g oder k?

d t ?	sie lä_t	wir laden	sie lädt
d t ?	es wir_		
b p ?	sie gi_t		
b p ?	es le_t		
g k ?	sie ma_		
g k ?	er fe_t		

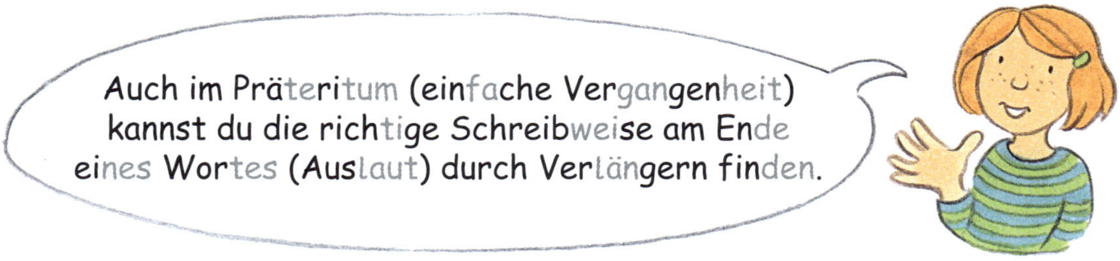

2 d oder t? b oder p? g oder k?

d t ?	er ba_	wir baten	er bat
d t ?	sie fan_		
b p ?	sie blie_		
b p ?	es ga_		
b p ?	er gru_		
g k ?	er zo_		
g k ?	sie tru_		
g k ?	es la_		

1 Schreibe zuerst die zweisilbige Form.

der Fu ___ die Füße ___ der Fuß

der Spa ___ ___

der Gru ___ ___

das Flo ___ ___

das Ma ___ ___

das Gefä ___ ___

2 ss oder ß? Schreibe die Wörter.

der Flu ___ der Fluss | drau ___ en ___

sü ___ | hei ___

das Fa ___ | der Ku ___

gro ___ | na ___

der Bi ___ | wei ___

1 ss oder ß? Schreibe zuerst die Grundform, dann die er-Form.

es flie_t	fließen	es fließt
sie begrü_t		
er mu_		
er i_t		
er hei_t		
es sprie_t		

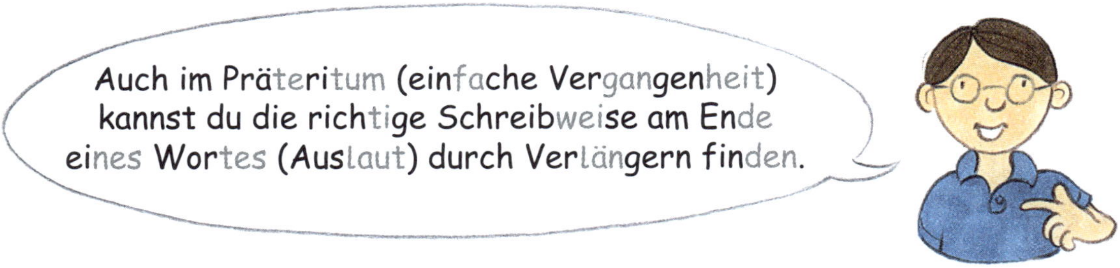

2 ss oder ß? Schreibe zuerst die wir-Form, dann die er-Form.

es flo_	flossen	es floss
er fra_		
er hie_		
es go_		
sie lie_		
er mu_te		

Verben mit ss/ß

Manche Verben, deren Wortstamm auf ss oder ß endet, ändern in der Vergangenheitsform ihren Wortstamm:
wir essen → wir aßen, wir schmeißen → wir schmissen.

1 Ergänze die fehlenden Formen. Denke daran, dass sich der Wortstamm ändern kann. Schreibe so:

wir schmeißen – wir schmissen

wir messen – ____________

____________ – sie fraßen

sie beißen – ____________

____________ – sie rissen

wir schließen – ____________

2 ss oder ß? Schreibe die Verben im Präsens und im Präteritum.
Schreibe so:

schmei_en schmeißen – schmi_en schmissen

gie_en ____________ – go_en ____________

la_en ____________ – lie_en ____________

wi_en ____________ – wu_ten ____________

sprie_en ____________ – spro_en ____________

genie_en ____________ – geno_en ____________

1 Zerlege das Wort und schreibe beide neu entstandenen Wörter richtig auf.

d/t? Nes_bau → Nest + Bau

d/t? Mon_schein → ____ + ____

d/t? Gas_wirt → ____ + ____

d/t? Brieffreun_ → ____ + ____

d/t? Gel_schein → ____ + ____

g/k? Spu_schloss → ____ + ____

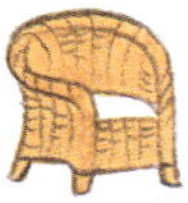
b/p? Kor_stuhl → ____ + ____

b/p? Sie_druck → ____ + ____

2 Zerlege das Wort und schreibe beide neu entstandenen Wörter richtig auf.

d/t? g/k? Ra_we_ → Rad + Weg

g/k? g/k? Ta_wer_ → ____ + ____

d/t? g/k? Nach_zu_ → ____ + ____

d/t? d/t? Wal_bran_ → ____ + ____

g/k? d/t? Ber_wel_ → ____ + ____

1 Löse das Rätsel.

ss / ß ? Gru
b / p ? Die
d / t ? Hel
ss / ß ? Fu
g / k ? Spu
d / t ? Wal
d / t ? Kin
d / t ? Han
g / k ? Zwer

2 Schreibe das Lösungswort auf.

Umut schenkt seinem Papa eine ______________________.

3 d oder t? b oder p? g oder k?
Welches Wort wird gesucht?

kein Feind	Kopfbedeckung	große Feier
Freund	______________	______________
Wohnort eines Ritters	anderes Wort für Gespenst	anderes Wort für Diebstahl
______________	______________	______________

1 ss oder ß? Welches Wort wird gesucht?

entsteht am Kerzendocht	Tonne
Ruß ____________	____________
großer Bach	flaches Wasserfahrzeug
____________	____________
Das hat Hand und ...	Gegenteil von Liebe
____________	____________

2 Schreibe die Wörter in die Lücken.

An einem schönen (g/k? Ta_) Tag ____ (d/t? fan_) ____________

am See ein (d/t? Fes_) ____________ statt.

Es (b/p? ga_) ____________ (g/k? Musi_) ____________, die sehr

(d/t? lau_) ____________ war, und einen (b/p? Kor_) ____________

mit einem (g/k? Geschen_) ____________

für jeden (d/t? Gas_) ____________.

Am (d/t? Ran_) ____________ des Sees

(b/p? gru_) ____________ ein (d/t? Kin_) ____________

im (d/t? San_) ____________.

Als es fast vom (g/k? Ste_) ____________ fiel,

(d/t? hiel_) ____________ Hasan es fest.

Jetzt sagen alle, er ist ein (d/t? Hel_) ____________.

20 min

A: Du hast ___ von 61 Wörtern richtig geschrieben.
B: Du hast ___ von 67 Wörtern richtig geschrieben.

Die Schriftzeichen der alten Ägypter nennt man Hieroglyphen.

1 Entschlüssele die Botschaft.

____ ____ ____ ____   ____ ____ ____ ____ ____!

2 Schreibe deinen Namen in Hieroglyphen.

1 i oder ie? Schreibe die Wörter.

Verl __ se	Verliese	verb __ nden	______
verl __ ben	______	verw __ ttert	______
vers __ nken	______	Verz __ rung	______

2 i oder ie? Schreibe die Wörter.

Vorb __ lder	Vorbilder	vors __ chtig	______
vorz __ hen	______	Vors __ lbe	______
vorw __ gend	______	Vorl __ be	______

3 i oder ie? Schreibe die Wörter.

einb __ lden	einbilden	Eingr __ ffe	______
Einw __ rkung	______	einz __ hen	______
einfr __ ren	______	eins __ chtig	______

1 i oder ie? Schreibe die Wörter.

Sp_gelb_ld	Spiegelbild
B_rnenk_ste	
K_rschd_be	
L_besl_der	
Sp_lw_se	

2 i oder ie? Schreibe zuerst die Grundform.

er verl_bt sich	sich verlieben	er verliebt sich
er verf_lmt		
er fr_rt ein		
er bed_nt sich		
er ver_rrt sich		
er g_ßt ein		
er schl_ßt ein		
er bez_ht		

1 Schreibe die Merkwörter mit i.

Leni sieht seit (Apr_l) April eine neue

(Kr_m_-Ser_e) ______________________.

Sie handelt von einem (B_ber) ___________,

der (Detekt_v) __________________ ist.

Er trägt einen (l_la) _________ Umhang,

hört gerne (Rad_o) ___________ und isst gerne

(Z_troneneis) ______________________.

Mit seinem Freund, einem (_gel) _________, klärt er

in jeder (Ep_sode) __________________ einen Fall.

2 Schreibe die Wörter und finde so die Namen der Episoden.

______________________________ ______________________________

______________________________ ______________________________

Wörter mit -ine

Wörter mit mehr als 2 Silben, die auf -ine enden, schreibt man nur mit i, z. B. Lawine.
Diese Wörter kommen auch aus anderen Sprachen.

1 Welche Wörter mit -ine werden gesucht?

Vögel im Frack

Pinguine

Meeressäuger

____

kleiner Fisch

____

~~Pingu~~ Kab Delf Cous Sard Vitr

Tochter deiner Tante

____

Glasschrank

____

Schiffsraum

____

2 Welche Wörter mit -ine werden hier gesucht?

Mandarine

____

____

~~ne~~ Ma ~~da~~ ne ga La ne wi i ~~Man~~ schi Pra ne Ru ne ~~ri~~ Ma zi ne li

____

____

____

1 i oder ie? Schreibe die Wörter richtig.

____

Die (K⬭nder) Kinder ______ (prob⬭ren) ______

ein neues (Brettsp⬭l) ______ aus.

Es (g⬭bt) ______ (verw⬭tterte) ______

(Verl⬭se) ______,

(w⬭lde) ______ (B⬭ster) ______,

die nur mit (S⬭lber) ______

zu (bes⬭gen) ______ sind, und viele andere

(⬭rrw⬭tz⬭ge) ______ (⬭deen) ______.

Die (Setzf⬭guren) ______ sind immer

(T⬭re) ______.

Hanna (sp◯lt) ____________ als (P◯ngu◯n) ________________,

Malte als (B◯ne) ______________, Lena als (Delf◯n) ______________,

Umut als (B◯ber) ____________ und Zarah als

(E◯ns◯dlerkrebs) ______________________________.

Hanna mag das (Sp◯l) ____________ wegen der

(l◯bevollen) __________________ (Verz◯rung) __________________.

Malte gefällt es wegen des schnellen

(Sp◯lverlaufs) ________________________. Aber alle Kinder

(f◯nden) ______________ es (r◯chtig) ______________ gut.

2 Finde eine passende Überschrift und schreibe sie auf.
Es sollten möglichst viele Wörter mit i oder ie darin vorkommen.

20 min

A: Du hast von 57 Wörtern richtig geschrieben.
B: Du hast von 65 Wörtern richtig geschrieben.

Das Übungsheft – Klasse 4

Rechtschreib- und Grammatiktraining

Das Übungsheft Deutsch begleitet die Kinder durch ein ganzes Schuljahr: Alle wichtigen Lerninhalte von Rechtschreibung und Grammatik werden spiralförmig wiederholt und vertieft.

- Jede Seite ist eine kleine abgeschlossene Lerneinheit.
- Die wichtigsten Informationen sind in „Schatzkisten" übersichtlich zusammengefasst.
- Vorher erarbeitete Lerninhalte werden in regelmäßigen Abständen beim Deutschmeister abgefragt.
- Mit Sticker-Belohnungssystem!

Das Übungsheft Deutsch – Klasse 4
64 S., vierf., Gh, 17 x 24 cm, mit Stickerbogen und Lösungsheft – ISBN 978-3-619-44170-9

www.mildenberger-verlag.de/190

Das Übungsheft Lesen – Klasse 4

Lesetraining und Leseverständnis

Die Hefte der Reihe **Übungsheft Lesen** führen die Kinder behutsam und spielerisch heran, das genaue Lesen, das Erfassen von Inhalten und die gezielte Entnahme von Information zu trainieren. Mit viel Spaß wird Lesekompetenz aufgebaut.

- Kurze spannende, erzählende Texte
- Sachtexte aus dem Interessengebiet von Grundschülern
- Nicht-lineare Texte (Listen, Lagepläne ...)
- Aufgaben in zwei Kompetenzstufen
- Lesebonbons in Form von Knobelaufgaben
- Mit Sticker-Belohnungssystem!

Das Übungsheft Lesen – Klasse 4
64 S., vierf., Gh, 17 x 24 cm, mit Stickerbogen und Lösungsheft – ISBN 978-3-619-44172-3

www.mildenberger-verlag.de/192

Das Übungsheft Texte schreiben – Klasse 4

Grundlagen und Aufsatztraining

Auch Texte schreiben kann man lernen! Die **Übungshefte Texte schreiben** bieten kurze, in sich geschlossene Übungseinheiten, die dazu beitragen, Sicherheit beim Verfassen eigener Texte zu erlangen.

In abwechslungsreichen Aufgaben können die Schülerinnen und Schüler Textformen wie

- Beschreibung
- Bericht
- Erlebnis- und Fantasieerzählung

mit Spaß, stressfrei und eigenständig trainieren.

- Mit Sticker-Belohnungssystem!

Das Übungsheft Texte schreiben – Klasse 4
64 S., vierf., Gh, 17 x 24 cm, mit Stickerbogen und Lösungsheft – ISBN 978-3-619-44173-0

www.mildenberger-verlag.de/752

4 5 6 7 8
9 10 11 13 14
15 16 17 18 19
20 21 22 23 25
26 27 28 29 30
31 33 34 35 36
37 38 39 40 41
43 44 45 46 47
48 49 50 51 53

1 Im Zoo. Unterstreiche alle Nomen und schreibe sie mit Artikel auf.
Denke dabei an die der-die-das-Probe.

die Brille	der Hut
die Kinder	die Pommes
der Löwe	der Himmel
der Vogel	das Wasser

2 Zarah hat im Zoo ein Foto gemacht. Alle Nomen aus Aufgabe 1 müssen auf Zarahs Foto zu sehen sein. Welches Bild ist von Zarah? Kreuze an.

1 Was gehört zusammen? Verbinde.

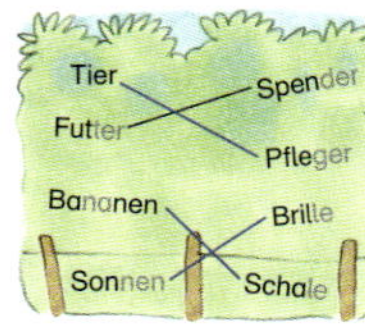

- der Futterspender
- der Tierpfleger
- die Sonnenbrille
- die Bananenschale

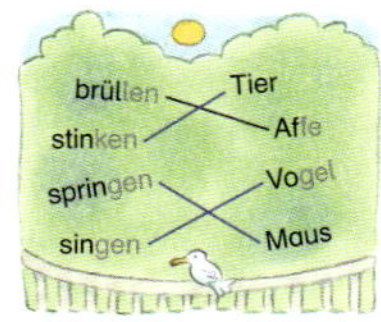

- das Stinktier
- der Brüllaffe
- der Singvogel
- die Springmaus

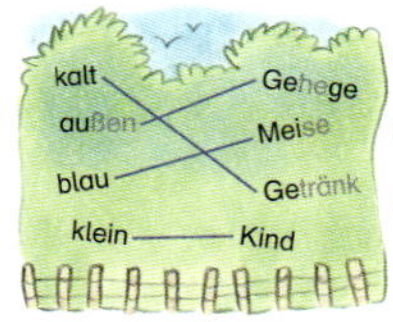

- das Außengehege
- die Blaumeise
- das Kaltgetränk
- das Kleinkind

2 Schreibe die zusammengesetzten Nomen mit Artikel hinter die Pfeile.

Abstrakte Nomen
benennen Gefühle und anderes, das man nicht sehen kann.

1 Finde das richtige Nomen zu den Adjektiven und schreibe es mit Artikel auf.

ängstlich	wütend	hungrig
die Angst	die Wut	der Hunger
stolz	freudig	ärgerlich
der Stolz	die Freude	der Ärger
ekelig	fleißig	geizig
der Ekel	der Fleiß	der Geiz
glücklich	liebevoll	löblich
das Glück	die Liebe	das Lob

2 Finde die abstrakten Nomen und schreibe sie mit Artikeln auf.

M	A	U	E	R	I	E
D	C	V	T	H	D	L
S	E	Ä	R	G	E	R
A	ß	T	O	A	E	B
A	R	M	S	P	A	ß
D	B	E	T	D	I	V

- der Trost
- die Idee
- der Spaß
- der Ärger

1 -heit, -keit, -nis oder -ung?
Ergänze die Wörter.

das Geheimnis	die Leistung	die Mehrheit
die Tapferkeit	das Gedächtnis	die Freiheit
die Meinung	die Ewigkeit	die Heilung
die Erlaubnis	die Höflichkeit	die Faulheit

2 -heit, -keit, -nis oder -ung?
Trage die Wörter richtig ein.

geheim	Geheimnis
gesund	Gesundheit
spannend	Spannung
finster	Finsternis
traurig	Traurigkeit
erlaubt	Erlaubnis

Das Übungsheft Rechtschreiben 4 – Lösungen (Seite 8 – 11)

Verben als Subjekt

Bilden Verben das Satzglied **Subjekt**, werden sie großgeschrieben.

1 Finde für jedes Satzpaar ein passendes Verb aus dem Pool und schreibe die Wörter richtig in die Lücken.

verrühren, kneten, trennen, probieren, wiegen, backen

Die Kinder backen Kuchen.

Das Backen macht allen Spaß.

Malte und Hanna wiegen die Zutaten.

Das Wiegen ist nicht ganz einfach.

Dann trennen sie die Eier.

Das Trennen fällt ihnen nicht leicht.

Die Kinder verrühren alles.

Das Verrühren der Zutaten ist sehr wichtig.

Umut und Zarah kneten den Teig.

Das Kneten ist harte Arbeit.

Am Ende probieren alle Kinder den Kuchen.

Das Probieren ist das Beste beim Backen.

2 Unterstreiche in Aufgabe 1 bei allen Sätzen das Subjekt gelb und das Verb grün.

Höflichkeitsform

Die Pronomen (Fürwörter) in der Höflichkeitsform schreiben wir groß: **Sie, Ihnen, Ihr, Ihre.**

1 Umut schreibt seinem Lieblingsautor. Unterstreiche in der E-Mail die Pronomen, die großgeschrieben werden müssen.

Sehr geehrter Herr Maar,
ich habe gerade ihr Buch „Lippels Traum" gelesen.
Ich wollte ihnen nur danken, dass sie so tolle Geschichten erfinden
und ihre Figuren aus den Büchern immer so nett sind.
Viele Grüße
ihr Umut

2 Schreibe die E-Mail richtig auf.

Sehr geehrter Herr Maar,
ich habe gerade Ihr Buch „Lippels Traum" gelesen.
Ich wollte Ihnen nur danken, dass Sie so tolle
Geschichten erfinden und Ihre Figuren aus den
Büchern immer so nett sind.
Viele Grüße
Ihr Umut

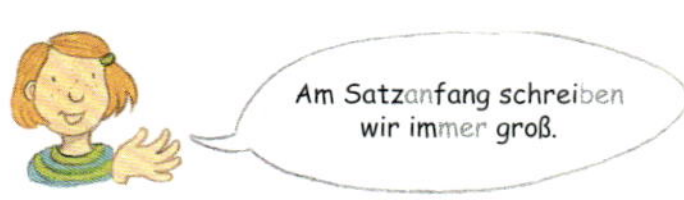

1 Unterstreiche alle Nomen.

malte liest ein spannendes buch: in afrika gibt es einen berg, auf dem schnee liegt. es ist ein vulkan und er heißt kilimandscharo. vor mehr als 300 jahren ist er zuletzt ausgebrochen. seitdem ruht er. rund um den berg gibt es savanne und sümpfe.

2 Schreibe den Text richtig ab.

Malte liest ein spannendes Buch: In Afrika gibt es einen Berg, auf dem Schnee liegt. Es ist ein Vulkan und er heißt Kilimandscharo. Vor mehr als 300 Jahren ist er zuletzt ausgebrochen. Seitdem ruht er. Rund um den Berg gibt es Savanne und Sümpfe.

1 Unterstreiche im Text alle Buchstaben, die großgeschrieben werden.

alle freunde waren auf einer rundreise.
in einer kutsche wurden sie zu dem
ausgangspunkt gebracht.
ihre safari führte sie zu termitenhügeln,
vorbei an elefanten und impalas.
nur ein rhinozeros sahen sie nicht.
interessant war es trotzdem
und ein tolles erlebnis.

sie wollen aber mehr insekten
und großtiere sehen. eine weitere
reise zu dem kontinent wird geplant
und sie sind voller optimismus,
dass sie ein weiteres naturspektakel
mit vielen tieren erleben werden.
in der nacht träumen sie von ihren
eindrücken und dann galoppieren
auch nashörner durch ihre träume.

2 Die unterstrichenen Buchstaben ergeben den Lösungssatz. Schreibe ihn richtig auf.

Afrika ist ein riesiger Kontinent.

Der 1. Diktatmeister

20 min

A: Du hast ☐ von 52 Wörtern richtig geschrieben.
B: Du hast ☐ von 57 Wörtern richtig geschrieben.

Deutsch-Bonbon

1 Wie gut kennst du dich mit afrikanischen Tieren aus?
Ordne die Tiernamen dem Abc zu.
Aber Achtung: Den Namen fehlt immer der Anfangsbuchstabe.

Antilope	Marabu
Bonobo	Nashorn
Chamäleon	Ohrenrobbe
Dikdik	Pelikan
Elefant	Strauß
Flamingo	Tiputip
Giraffe	Viper
Hyäne	Waran
Krokodil	Zebra

2 Welche Buchstaben des Alphabets fehlen?

I, J, L, Q, R, U, X, Y

d oder t? b oder p? g oder k?
Die richtige Schreibweise am Ende eines Wortes (Auslaut) findest du durch Verlängern.
Freunde – Freund legen – er legt

1 Bilde zuerst die zweisilbige Form.
Schreibe dann das einsilbige Wort richtig auf.

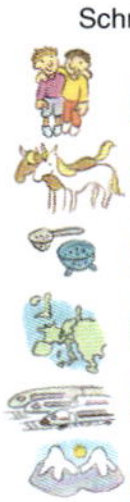

d/t?	Freun_	Freunde	Freund
d/t?	Pfer_	Pferde	Pferd
b/p?	Sie_	Siebe	Sieb
d/t?	Lan_	Länder	Land
g/k?	Zu_	Züge	Zug
g/k?	Ber_	Berge	Berg

2 Schreibe das Wort richtig auf. Bilde immer zuerst die zweisilbige Form.

d/t?	Mon_	Monde	Mond
d/t?	Zel_	Zelte	Zelt
d/t?	Geis_	Geister	Geist
b/p?	Kor_	Körbe	Korb
b/p?	Die_	Diebe	Dieb
g/k?	Bur_	Burgen	Burg

1 Bilde immer zuerst die zweisilbige Form.

d/t?	Hun_	Hunde	Hund
d/t?	Hu_	Hüte	Hut
d/t?	Wal_	Wälder	Wald
d/t?	As_	Äste	Ast
d/t?	Hel_	Helden	Held
b/p?	Kal_	Kälber	Kalb
g/k?	Ste_	Stege	Steg
g/k?	Flu_	Flüge	Flug

2 Trage die Wörter aus Aufgabe 1 an der richtigen Stelle ein.

Malte geht mit seinem Hund Bax im Wald spazieren.
Da sieht er im Wasser des Bachs etwas!
Schnell läuft er mit einem Ast auf den Steg.
Ein Hut schnellt wie im Flug an ihm vorbei,
aber Malte erwischt ihn trotzdem. Da kommt ein Bauer angerannt.
Er hat ein Kalb dabei und freut sich,
Malte und seinen Hut zu sehen.
Für ihn ist Malte ein Held.

1 d oder t? b oder p? g oder k?
Setze die richtigen Buchstaben ein und schreibe so:

d/t?	Das Eis ist kal_.	das kalte Eis
g/k?	Der Tag ist sonni_.	der sonnige Tag
g/k?	Der Sturm ist hefti_.	der heftige Sturm
b/p?	Der Hund ist lie_.	der liebe Hund
d/t?	Der Film ist spannen_.	der spannende Film
d/t?	Der Ball ist run_.	der runde Ball
d/t?	Die Tür ist ro_.	die rote Tür

2 Welches Adjektiv wird gesucht?

Gegenteil von klar	trüb
nicht hungrig, sondern …	satt
nicht sehend, sondern …	blind
nicht dumm, sondern …	klug
nicht vertraut, sondern …	fremd
Erst ist man jung, dann …	alt
die Farbe der Sonne	gelb

1 d oder t? b oder p? g oder k?

d/t?	sie lä_t	wir laden	sie lädt
d/t?	es wir_	wir werden	es wird
b/p?	sie gi_t	wir geben	sie gibt
b/p?	es le_t	wir leben	es lebt
g/k?	sie ma_	wir mögen	sie mag
g/k?	er fe_t	wir fegen	er fegt

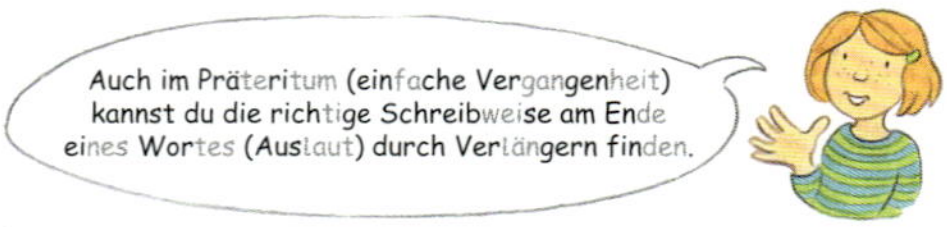

2 d oder t? b oder p? g oder k?

d/t?	er ba_	wir baten	er bat
d/t?	sie fan_	wir fanden	sie fand
b/p?	sie blie_	wir blieben	sie blieb
b/p?	es ga_	wir gaben	es gab
b/p?	er gru_	wir gruben	er grub
g/k?	er zo_	wir zogen	er zog
g/k?	sie tru_	wir trugen	sie trug
g/k?	es la_	wir lagen	es lag

1 Schreibe zuerst die zweisilbige Form.

der Fu_	die Füße	der Fuß
der Spa_	die Späße	der Spaß
der Gru_	die Grüße	der Gruß
das Flo_	die Flöße	das Floß
das Ma_	die Maße	das Maß
das Gefä_	die Gefäße	das Gefäß

2 ss oder ß? Schreibe die Wörter.

der Flu_	der Fluss	drau_en	draußen
sü_	süß	hei_	heiß
das Fa_	das Fass	der Ku_	der Kuss
gro_	groß	na_	nass
der Bi_	der Biss	wei_	weiß

1 ss oder ß? Schreibe zuerst die Grundform, dann die er-Form.

es flie_t	fließen	es fließt
sie begrü_t	begrüßen	sie begrüßt
er mu_	müssen	er muss
er i_t	essen	er isst
er hei_t	heißen	er heißt
es sprie_t	sprießen	es sprießt

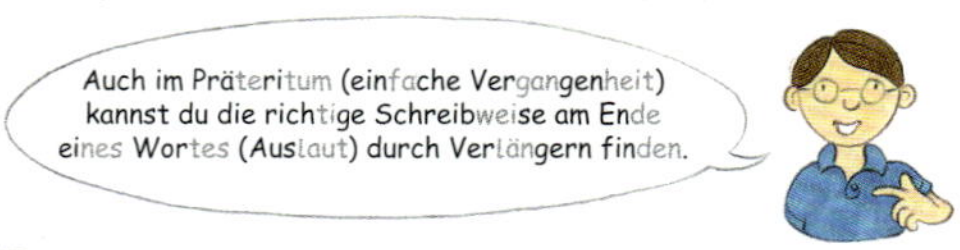

2 ss oder ß? Schreibe zuerst die wir-Form, dann die er-Form.

es flo_	flossen	es floss
er fra_	fraßen	er fraß
er hie_	hießen	er hieß
es go_	gossen	es goss
sie lie_	ließen	sie ließ
er mu_te	mussten	er musste

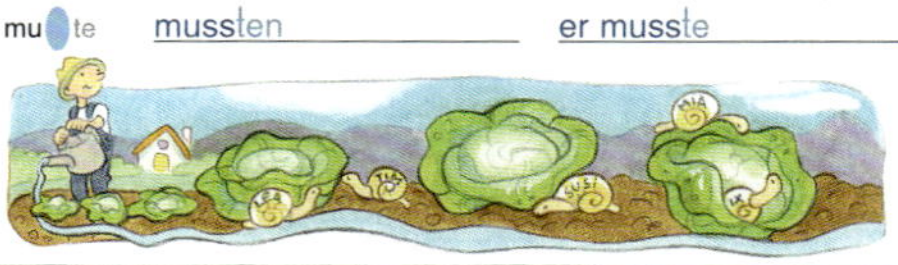

Verben mit ss / ß

Manche Verben, deren Wortstamm auf ss oder ß endet, ändern in der Vergangenheitsform ihren Wortstamm:
wir essen → wir aßen, wir schmeißen → wir schmissen.

1 Ergänze die fehlenden Formen. Denke daran, dass sich der Wortstamm ändern kann. Schreibe so:

wir schmeißen – wir schmissen
wir messen – wir maßen
sie fressen – sie fraßen
sie beißen – sie bissen
sie reißen – sie rissen
wir schließen – wir schlossen

2 ss oder ß? Schreibe die Verben im Präsens und im Präteritum. Schreibe so:

schmei_en	schmeißen	– schmi_en	schmissen
gie_en	gießen	– go_en	gossen
la_en	lassen	– lie_en	ließen
wi_en	wissen	– wu_ten	wussten
sprie_en	sprießen	– spro_en	sprossen
genie_en	genießen	– geno_en	genossen

1 Zerlege das Wort und schreibe beide neu entstandenen Wörter richtig auf.

d/t	Nes_bau	Nest	+ Bau
d/t	Mon_schein	Mond	+ Schein
d/t	Gas_wirt	Gast	+ Wirt
d/t	Brieffreun_	Brief	+ Freund
d/t	Gel_schein	Geld	+ Schein
g/k	Spu_schloss	Spuk	+ Schloss
b/p	Kor_stuhl	Korb	+ Stuhl
b/p	Sie_druck	Sieb	+ Druck

2 Zerlege das Wort und schreibe beide neu entstandenen Wörter richtig auf.

d/t	g/k	Ra_we_	Rad	+ Weg
g/k	g/k	Ta_wer_	Tag	+ Werk
d/t	g/k	Nach_zu_	Nacht	+ Zug
d/t	d/t	Wal_bran_	Wald	+ Brand
g/k	d/t	Ber_wel_	Berg	+ Welt

1 Löse das Rätsel.

ss/ß	Gru_	Gruß
b/p	Die_	Dieb
d/t	Hel_	Held
ss/ß	Fu_	Fuß
g/k	Spu_	Spuk
d/t	Wal_	Wald
d/t	Kin_	Kind
d/t	Han_	Hand
g/k	Zwer_	Zwerg

2 Schreibe das Lösungswort auf.

Umut schenkt seinem Papa eine Gießkanne.

3 d oder t? b oder p? g oder k? Welches Wort wird gesucht?

kein Feind	Kopfbedeckung	große Feier
Freund	Hut	Fest
Wohnort eines Ritters	anderes Wort für Gespenst	anderes Wort für Diebstahl
Burg	Geist	Raub

1 ss oder ß? Welches Wort wird gesucht?

entsteht am Kerzendocht	Tonne
Ruß	Fass
großer Bach	flaches Wasserfahrzeug
Fluss	Floß
Das hat Hand und ...	Gegenteil von Liebe
Fuß	Hass

2 Schreibe die Wörter in die Lücken.

An einem schönen (g/k Ta_) Tag (d/t fan_) fand am See ein (d/t Fes_) Fest statt.
Es (b/p ga_) gab (g/k Musi_) Musik, die sehr (d/t lau_) laut war, und einen (b/p Kor_) Korb mit einem (g/k Geschen_) Geschenk für jeden (d/t Gas_) Gast.
Am (d/t Ran_) Rand des Sees (b/p gru_) grub ein (d/t Kin_) Kind im (d/t San_) Sand.
Als es fast vom (g/k Ste_) Steg fiel, (d/t hiel_) hielt Hasan es fest.
Jetzt sagen alle, er ist ein (d/t Hel_) Held.

Der 2. Diktatmeister

20 min

A: Du hast ◯ von 61 Wörtern richtig geschrieben.
B: Du hast ◯ von 67 Wörtern richtig geschrieben.

Deutsch-Bonbon

Die Schriftzeichen der alten Ägypter nennt man Hieroglyphen.

1 Entschlüssele die Botschaft.

G U T E F A H R T !

2 Schreibe deinen Namen in Hieroglyphen.

individuelle Lösung

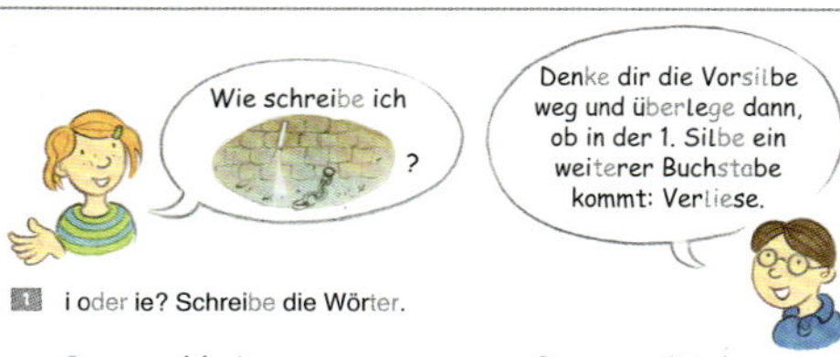

1 i oder ie? Schreibe die Wörter.

Verl◯se	Verliese	verb◯nden	verbinden
verl◯ben	verlieben	verw◯ttert	verwittert
vers◯nken	versinken	Verz◯rung	Verzierung

2 i oder ie? Schreibe die Wörter.

Vorb◯lder	Vorbilder	vors◯chtig	vorsichtig
vorz◯hen	vorziehen	Vors◯lbe	Vorsilbe
vorw◯gend	vorwiegend	Vorl◯be	Vorliebe

3 i oder ie? Schreibe die Wörter.

einb◯lden	einbilden	Eingr◯ffe	Eingriffe
Einw◯rkung	Einwirkung	einz◯hen	einziehen
einfr◯ren	einfrieren	eins◯chtig	einsichtig

1 i oder ie? Schreibe die Wörter.

Sp◯gelb◯ld	Spiegelbild
B◯rnenk◯ste	Birnenkiste
K◯rschd◯be	Kirschdiebe
L◯besl◯der	Liebeslieder
Sp◯lw◯se	Spielwiese

2 i oder ie? Schreibe zuerst die Grundform.

er verl◯bt sich	sich verlieben	er verliebt sich
er verf◯lmt	verfilmen	er verfilmt
er fr◯rt ein	einfrieren	er friert ein
er bed◯nt sich	sich bedienen	er bedient sich
er ver◯rrt sich	sich verirren	er verirrt sich
er g◯ßt ein	eingießen	er gießt ein
er schl◯ßt ein	einschließen	er schließt ein
er bez◯ht	beziehen	er bezieht

1 Schreibe die Merkwörter mit i.

Leni sieht seit (Apr_l) April eine neue (Kr_m_-Ser_e) Krimi-Serie. Sie handelt von einem (B_ber) Biber, der (Detekt_v) Detektiv ist. Er trägt einen (l_la) lila Umhang, hört gerne (Rad_o) Radio und isst gerne (Z_troneneis) Zitroneneis. Mit seinem Freund, einem (_gel) Igel, klärt er in jeder (Ep_sode) Episode einen Fall.

2 Schreibe die Wörter und finde so die Namen der Episoden.

Giraffe im Kino

Lexikon der Libelle

Nikolaus mit links

Pirat, Tiger und ich

Wörter mit -ine

Wörter mit mehr als 2 Silben, die auf -ine enden, schreibt man nur mit i, z. B. Lawine.
Diese Wörter kommen auch aus anderen Sprachen.

1 Welche Wörter mit -ine werden gesucht?

Vögel im Frack: Pinguine

Meeressäuger: Delfine

kleiner Fisch: Sardine

~~Pingu~~ ~~Kab~~ ~~Del~~ ~~Cous~~ ~~Sard~~ ~~Vitr~~

Tochter deiner Tante: Cousine

Glasschrank: Vitrine

Schiffsraum: Kabine

2 Welche Wörter mit -ine werden hier gesucht?

Mandarine

Ruine

Magazine

~~ne~~ ~~Ma~~ ~~da~~ ~~ne~~ ~~ga~~ ~~La~~ ~~ne~~ ~~wi~~ ~~r~~ ~~Man~~ ~~schi~~ ~~Pra~~ ~~ne~~ ~~Ru~~ ~~ne~~ ~~Ma~~ ~~li~~ ~~zi~~ ~~li~~ ~~ne~~

Praline

Lawine

Maschine

1 i oder ie? Schreibe die Wörter richtig.

individuelle Lösung

Die (K_nder) Kinder (prob_ren) probieren ein neues (Brettsp_l) Brettspiel aus. Es (g_bt) gibt (verw_tterte) verwitterte (Verl_se) Verliese, (w_lde) wilde (B_ster) Biester, die nur mit (S_lber) Silber zu (bes_gen) besiegen sind, und viele andere (_rrw_tz_ge) irrwitzige (_deen) Ideen. Die (Setzf_guren) Setzfiguren sind immer (T_re) Tiere.

Hanna (sp_lt) spielt als (P_ngu_n) Pinguin, Malte als (B_ne) Biene, Lena als (Delf_n) Delfin, Umut als (B_ber) Biber und Zarah als (E_ns_dlerkrebs) Einsiedlerkrebs. Hanna mag das (Sp_l) Spiel wegen der (l_bevollen) liebevollen (Verz_rung) Verzierung. Malte gefällt es wegen des schnellen (Sp_lverlaufs) Spielverlaufs. Aber alle Kinder (f_nden) finden es (r_chtig) richtig gut.

2 Finde eine passende Überschrift und schreibe sie auf.
Es sollten möglichst viele Wörter mit i oder ie darin vorkommen.

Der 3. Diktatmeister

20 min

A: Du hast ___ von 57 Wörtern richtig geschrieben.
B: Du hast ___ von 65 Wörtern richtig geschrieben.

Deutsch-Bonbon

1 Schreibe die Tiernamen in das magische Quadrat.
Achtung: letzter Buchstabe = erster Buchstabe.

2 Ergänze das Lösungswort.

Das war G E N I A L !
1 2 3 4 5 6

Ableiten

Bei vielen Wörtern mit a und au wird die Mehrzahl mit ä und äu gebildet.
a → ä: Gans → Gänse
au → äu: Maus → Mäuse

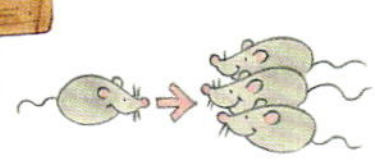

1 Schreibe die Wörter. Bilde zuerst die einsilbige Form.

G◯nse	Gans	Gänse
M◯se	Maus	Mäuse
H◯ser	Haus	Häuser
Str◯ße	Strauß	Sträuße
D◯cher	Dach	Dächer
M◯nner	Mann	Männer

2 Finde die Wörter mit a und au. Schreibe sie dann in der Einzahl und in der Mehrzahl auf.

L	L	S	B	V	A	U	N
A	O	E	L	D	T	K	A
U	M	F	A	L	L	O	U
S	A	R	T	D	L	N	I
B	U	A	T	L	C	K	I
A	P	E	T	Z	A	U	N

Laus	Läuse
Blatt	Blätter
Fall	Fälle
Zaun	Zäune

1 Bilde die Verben in der er-Form. Auch hier gilt: a → ä, au → äu

halten	er hält	bräunen	er bräunt
schlafen	er schläft	raten	er rät
schlagen	er schlägt	graben	er gräbt
waschen	er wäscht	laufen	er läuft
braten	er brät	fangen	er fängt
fallen	er fällt	fahren	er fährt

2 Ergänze die Wörter und verbinde die Wortpaare.

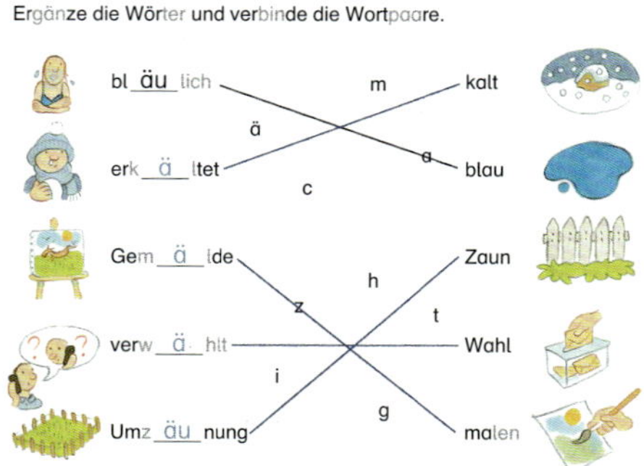

3 Die Buchstaben, die nicht durchgestrichen sind, ergeben von oben nach unten gelesen das Lösungswort:

mächtig

Liebe Eltern,

am Ende jeder Übungseinheit kann Ihr Kind beim „Diktatmeister“ zeigen, was es gelernt hat. Überlegen Sie dabei mit Ihrem Kind, ob die Standardvariante A oder die etwas schwierigere Variante B diktiert werden soll. Eigennamen (wie z. B. Tiputip oder Dikdik) können vorgegeben werden.
Lesen Sie den Text am Anfang einmal komplett und dann Abschnitt für Abschnitt vor. Die Abschnitte sind in den Diktattexten mit senkrechten Strichen markiert. Zählen Sie am Ende gemeinsam mit Ihrem Kind die richtig geschriebenen Wörter. Zur Belohnung darf ein besonders großer Sticker ins Wimmelbild eingeklebt werden: Gut gemacht!

	Diktat-Überschrift	Wörter		Seite
Der 1. Diktatmeister				12
Variante A	Der Regenmacher	52		
Variante B	Der Regenmacher	57	zusätzlich mit abstrakten Nomen und Wörtern mit Signalbausteinen	
Der 2. Diktatmeister				24
Variante A	Der Held	61		
Variante B	Der Held	67	zusätzlich mit Verlängern von Wörtern mit ß/ss	
Der 3. Diktatmeister				32
Variante A	Winzige Tiere	57		
Variante B	Das winzige Dikdik	65	zusätzlich mit -ine-Wörtern	
Der 4. Diktatmeister				42
Variante A	Dreifarben-Glanzstar	52		
Variante B	Dreifarben-Glanzstar	55	zusätzlich mit Wörtern mit eu	
Der 5. Diktatmeister				52
Variante A	Ein Hai im Zoo?	59		
Variante B	Ein Hai im Zoo?	64	zusätzlich mit Wörtern mit stummem h	
Der 6. Diktatmeister				62
Variante A	Zum Glück Zebra	56		
Variante B	Zum Glück Zebra	59	zusätzlich mit Wörtern mit stummem h	

Der 1. Diktatmeister, S. 12

20 min

Nomen und Großschreibung

A: Der Regenmacher

In Afrika / gibt es / einen Vogel. / Sein Name / ist Tiputip. / Er wohnt / im dichten Gebüsch. / Er frisst Eidechsen, / aber auch Insekten. / Es gibt / eine Sage / über den Vogel: / Er kann / mit seinem Gesang / den Regen herbeirufen. / Im Grasland / gibt es oft / lange Dürren. / Deswegen glauben / die Menschen gerne / solche Geschichten.
(52 Wörter)

B: Der Regenmacher

In Afrika / gibt es / einen Vogel. / Sein Name / ist Tiputip. / Er wohnt / im dichten Gebüsch. / Seine Nahrung / besteht aus Eidechsen, / aber auch Insekten. / Es gibt / eine Sage / über den Vogel: / Er kann / mit seinem Gesang / den Regen herbeirufen. / Im Grasland / gibt es oft / lange Dürren. / Deswegen glauben / die Menschen gerne / solche Geschichten, / die Hoffnung bringen.
(57 Wörter)

Der 2. Diktatmeister, S. 24

20 min

Verlängern und Auslautverhärtung

A: Der Held

Tido läuft / mit seinem / Hund Mali / an einem Berg / nahe einer / Wasserfurt. / Sie kommen / an einem / Wald vorbei. / Auf dem Weg / liegt ein / großer Ast. / Das Kalb / eines Elefanten / steht dahinter / und hat Angst. / Aber der Junge / macht den Pfad frei / und bringt / das Tier / zurück zur Herde. / Mali ist lieb / und geht / neben dem Kind / und dem Tier.
(61 Wörter)

B: Der Held

Tido geht / zu Fuß / mit seinem / Hund Mali / an einem Berg / nahe einer / Furt am Fluss. / Sie kommen / an einem / Wald vorbei. / Auf dem Weg / liegt ein Ast. / Er ist groß. / Ein Elefantenkalb / steht dahinter / und hat Angst. / Aber der Junge / macht den Pfad frei / und bringt / das Tier / zurück zur Herde. / Der Hund ist lieb / und passt / auf das Kind / und das Tier auf.
(67 Wörter)

Der 3. Diktatmeister, S. 32

20 min

Verlängern

A: Winzige Tiere

Leni hört / von einem / interessanten Tier. / Ein Dikdik / ist eine / Antilopenart. / Es wird / nicht größer / als ein Hase. / Der Name / ist lautmalerisch. / Er soll / den Ruf / wiedergeben, / den diese Antilopen / auf der Flucht / von sich geben. / Das Dikdik frisst / vorwiegend / Laub und Gras, / trinkt nur selten / und ist immer / vorsichtig. / Leni findet / diese Tiere / niedlich.
(57 Wörter)

B: Das winzige Dikdik

Leni liest / in Magazinen / von einem / interessanten Tier. / Ein Dikdik / ist eine Antilopenart. / Es wird / nicht größer / als ein Hase. / Der Name / ist lautmalerisch / und soll / den Ruf / wiedergeben, / den diese / Antilopen / auf der Flucht / von sich geben. / Das Dikdik frisst / vorwiegend / Laub und Gras, / trinkt nur selten / und ist immer vorsichtig. / Leni findet / diese Tiere / genau wie Pinguine / und Delfine / niedlich.
(65 Wörter)

Der 4. Diktatmeister, S. 42

20 min

Ableiten

A: Dreifarben-Glanzstar

Die Kinder kommen / von den Märkten / und sind glücklich / über ihre Einkäufe. / Ein Vogel / beäugt sie / von einem der Bäume / und krächzt. / Das Gefieder glänzt / oben schwärzlich, / unten bräunlich / und die Flügel / sind bläulich. / Malte halbiert / einen seiner Granatäpfel / und hält ihn / dem Vogel hin. / Der bückt sich / und pickt begeistert.
(52 Wörter)

B: Dreifarben-Glanzstar

Die Freunde / aus Deutschland / kommen / von den Märkten / und freuen sich / über ihre Einkäufe. / Ein Vogel / beäugt sie / von einem der Bäume / und krächzt. / Das Gefieder glänzt / oben schwärzlich, / unten bräunlich / und die Flügel / sind bläulich. / Malte halbiert / einen seiner Granatäpfel / und hält ihn / dem Vogel hin. / Der beugt sich vor / und pickt freudig.
(55 Wörter)

Der 5. Diktatmeister, S. 52

20 min

Wörter mit -ieren, Doppelvokal und -ai

A: Ein Hai im Zoo?

In der Klasse / diskutieren / die Kinder / über den letzten Besuch / im Zoo. / Dort gibt es / einen See / und einen Kai, / an dem die Boote / festmachen können. / Eines der Kinder / sah dort / einen Hai. / Es wollte dann / die Lehrerin alarmieren. / Doch die / anderen Kinder / möchten mehr / Details wissen: / Gibt es / solche Tiere / nicht nur im Meer?
(59 Wörter)

B: Ein Hai im Zoo?

Die Klasse / diskutiert / rund um die Uhr / über den letzten / Besuch im Zoo. / Dort gibt es / einen See / und einen Kai, / an dem die Boote / festmachen können. / Eines der Kinder / sah dort / einen zahmen Hai. / Es hat dann / die Lehrerin alarmiert. / Doch die / anderen Kinder / wollen sich informieren / und mehr Details wissen: / Gibt es / solche Tiere / nicht nur im Meer?
(64 Wörter)

Der 6. Diktatmeister, S. 62

20 min

Stammschreibung, Doppelkonsonanten

A: Zum Glück Zebra

Umut und Leni / sitzen auf der Eckbank, / die anderen / auf Hockern. / Sie spielen / ein Brettspiel. / Geister spuken / im Grasland / und flitzen hinter / den Setzfiguren her. / Umut wird gehetzt. / Es ist ein Notfall. / Da kommt / die Rettung. / Das Zebra / des Zauberers / kämpft wie eine Raubkatze / und befreit / Umuts Figur. / Dieser ist blass, / aber glücklich.
(56 Wörter)

B: Zum Glück Zebra

Umut und Leni / lehnen sich / gegen die Eckbank / im Wohnzimmer. / Sie spielen / ein Brettspiel. / Geister spuken / in der Savanne / und flitzen hinter / den Setzfiguren her. / Umut wird gehetzt. / Es ist gefährlich. / Da kommt / die Rettung. / Das Zebra / des Zauberers / kämpft wie eine Raubkatze / und befreit / Umuts Figur. / Dieser fährt blass, / aber froh / mit dem Spiel fort.
(59 Wörter)

Verkleinerungsform
Bei Verkleinerungsformen ändern sich die Selbstlaute.
a → ä   au → äu   o → ö   u → ü

1 Im Raumschiff des Außerirdischen ist alles kleiner.
Ergänze die Tabelle.

groß	klein
Haus	Häuschen
Mann	Männchen
Zaun	Zäunchen
Tasse	Tässchen
Ball	Bällchen
Garten	Gärtchen
Apfel	Äpfelchen
Schrank	Schränkchen

2 Ergänze die Tabelle.

groß	klein
Brot	Brötchen
Schale	Schälchen
Baum	Bäumchen
Haut	Häutchen
Platz	Plätzchen

eu oder äu?
Wenn du ein verwandtes Wort mit au findest,
schreibst du ein Wort mit äu, ansonsten mit eu.
Zum Beispiel gibt es kein verwandtes Wort mit au
zu _ter, deswegen schreiben wir es mit eu = Euter.

1 äu oder eu? Schreibe die Wörter.

(H_te) Heute ist Faschingsdienstag in
(D_tschland) Deutschland.
Viele (fr_en) freuen sich auf diese Zeit.
Die (L_te) Leute verkleiden sich:
als (T_fel) Teufel oder (Ungeh_er) Ungeheuer.
Viele finden (n_e) neue (Fr_nde) Freunde.
Die Kinder bekommen (B_tel) Beutel voller Süßigkeiten
und abends gibt es ein (F_erwerk) Feuerwerk.

2 äu oder eu? Schreibe die Wörter.

_ter	Euter	B_le	Beule
Str_cher	Sträucher	Ef_	Efeu
d_ten	deuten	r_men	räumen
tr_men	träumen	l_chten	leuchten

1 Schreibe die Wörter. Bilde zuerst das verwandte Wort mit a.

er erf_hrt	erfahren	er erfährt
er verr_t	verraten	er verrät
sie vergr_bt	vergraben	er vergräbt
er beh_lt	behalten	er behält

2 ä oder e? äu oder eu? Schreibe die Wörter.
Tipp: Überlege dir dafür ein verwandtes Wort. Leite also ab.

Malte l_äu_ft mit seinen Fr_eu_nden über die M_ä_rkte der Stadt.
Die Verk_äu_fer an den St_ä_nden l_ä_cheln fr_eu_ndlich.
Es gibt viel zu s_e_hen und zu kaufen.

3 ä oder e? äu oder eu? Schreibe die Wörter richtig auf.

F_cher Fächer   _xte Äxte
Granat_pfel Granatäpfel
Fahrr_der Fahrräder
F_ersch_lchen Feuerschälchen
Fr_ndschaftsb_nder Freundschaftsbänder

Bei vielen Wörtern mit ä scheint es kein verwandtes Wort mit a zu geben, z. B. Mädchen.

Aber manchmal sind diese Wörter heute ungebräuchlich: Magd → Mägdchen → Mädchen.

1 Schreibe die Wörter.

M_dchen	Mädchen → Magd
M_nnchen	Männchen → Mann
K_fig	Käfig
M_rchen	Märchen
B_r	Bär
Erk_ltung	Erkältung → kalt
Fl_che	Fläche → flach
J_ger	Jäger → Jagd
K_fer	Käfer
R_tsel	Rätsel → raten

2 Ergänze zu jedem Wort ein verwandtes Wort mit a,
falls du eines kennst.

1 ä oder e? äu oder eu? Schreibe die Wörter richtig.

individuelle Lösung

(H◯te) Heute machen die (M◯dchen) Mädchen etwas Besonderes: Sie werden (B◯ren) Bären machen.

Nicht die Tiere, die die (J◯ger) Jäger verfolgen oder im Zoo in (K◯figen) Käfigen zu finden sind oder die in (M◯rchen) Märchen (spr◯chen) sprechen können.

Nein, sie werden (Stoffb◯ren) Stoffbären (n◯hen) nähen.

Leni hat den großen Tisch in ihrem (G◯rtchen) Gärtchen schon (freiger◯mt) freigeräumt und die (Fr◯nde) Freunde schneiden auf der freien (Fl◯che) Fläche den Stoff.

Man hört nur noch das (Ger◯sch) Geräusch der (Sch◯re) Schere, das Summen der (K◯fer) Käfer und den Wind in den (Str◯chern) Sträuchern.

Dann geht es richtig los. Hanna gibt sich besonders viel Mühe mit den (N◯hten) Nähten, Zarah macht die (◯glein) Äuglein fest und Leni (ber◯t) berät die beiden.

Die Drei haben auch schon (K◯fer) Käufer für ihre (W◯rke) Werke: Die (L◯te) Leute, die ihr (St◯ndchen) Ständchen auf dem Flohmarkt besuchen.

Jeden (◯ro) Euro, den sie einnehmen, wollen sie für einen guten Zweck spenden.

2 Finde eine Überschrift zu der Geschichte. Schreibe sie in die Zeile über dem Text. Es soll ein Wort mit ä oder äu darin vorkommen.

Der 4. Diktatmeister

Deutsch-Bonbon

1 Was stimmt? Kreuze die richtigen Aussagen über Afrika an.

2 Verbinde die Kreuze. Von oben nach unten gelesen ergeben die Buchstaben, die nicht durchgestrichen sind, das Lösungswort:

Afrika ist faszinierend!

A: Du hast ___ von 52 Wörtern richtig geschrieben.
B: Du hast ___ von 55 Wörtern richtig geschrieben.

Fremdwörter
sind Wörter aus anderen Sprachen, oft aus dem Lateinischen. Die Verbformen enden auf -ieren.

1 Wie lautet das Verb auf -ieren?

ein Telefon benutzen	→	telefonieren
eine Diskussion führen	→	diskutieren
eine Notiz aufschreiben	→	notieren
eine Reparatur machen	→	reparieren
eine Tapete anbringen	→	tapezieren
eine Dekoration aufstellen	→	dekorieren

~~not~~ ~~telefon~~ ~~dekor~~ ~~tapez~~ ~~repar~~ ~~diskut~~

2 Ergänze.

Galopp	⇐ ⇒	galoppieren
Applaus	⇐ ⇒	applaudieren
Protokoll	⇐ ⇒	protokollieren
Musik	⇐ ⇒	musizieren
Signal	⇐ ⇒	signalisieren
Alarm	⇐ ⇒	alarmieren

1 Welche Wörter mit Doppelvokal werden hier gesucht?

schwarze Masse: der Teer

Wiesenpflanze: der Klee

Einfall: die Idee

Märchenwesen: die Fee

immer zwei: das Paar

großer Teich: der See

kleines Schiff: das Boot

ähnlich wie Sumpf: das Moor

großer Raum: der Saal

Fläche für Pflanzen: das Beet

Tiergarten: der Zoo

wächst auf Steinen: das Moos

Ozean: das Meer

zum Wiegen: die Waage

2 Bilde die Verkleinerungsform.

das Haar: das Härchen
das Paar: das Pärchen
das Boot: das Bötchen

1 Trage bei allen Wörtern ai oder ei ein.

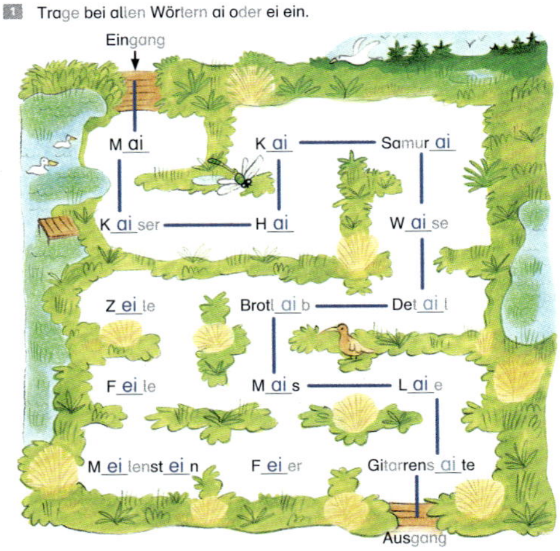

2 Verbinde alle Wörter, die mit ai geschrieben werden.
So findest du den Weg durch das Moor.

3 Wer ist wer? Welches Wort mit ai wird gesucht?

japanischer Krieger: Samurai

Kind ohne Eltern: Waise

Herrscher: Kaiser

Nicht-Fachmann: Laie

1 Welche Wörter mit stummem h werden hier gesucht? Ergänze.

Gemüseart	Kohl
... und Ehre	Ruhm
nicht Buchstabe	Zahl
zwölf Monate	Jahr
Metall	Stahl
Sitzmöbel	Stuhl
nicht Henne	Hahn
Kauwerkzeug	Zahn

2 Und welche Wörter mit stummem h werden hier gesucht?

Nomen zu „fühlen"	Gefühl
ähnlich wie Raub	Diebstahl
militärische Anweisung	Befehl
Jagdwaffe	Gewehr

3 Löse das Sudoku. Denke daran, dass jedes Wort nur einmal in der Reihe, einmal in der Zeile und einmal im Vierer-Block stehen darf.

kahl	zahm	lahm	kühl
lahm	kühl	kahl	zahm
kühl	kahl	zahm	lahm
zahm	lahm	kühl	kahl

Das Übungsheft Rechtschreiben 4 – Lösungen (Seite 48 – 51)

1 Welches Wort mit -ieren wird gesucht?

wieder ganz machen
1. reparieren

Beifall spenden
2. applaudieren

Musik machen
3. musizieren

Empfänger aufschreiben
4. adressieren

2 Welches Wort mit Doppelvokal wird gesucht?

Wüstenpflanzen
5. Kakteen

Wiesenpflanze
6. Klee

Gewässer
7. See

3 Welches Wort mit ai wird gesucht?

japanischer Krieger
8. Samurai

Gemüse
9. Mais

Herrscher
10. Kaiser

4 Welche Wörter mit stummem h werden hier gesucht?

Backzutat
11. Mehl

Vogel mit Kamm
12. Hahn

Tisch und …
13. Stuhl

5 Löse das Kreuzworträtsel. Verwende die Wörter aus Aufgabe 1 bis 4.

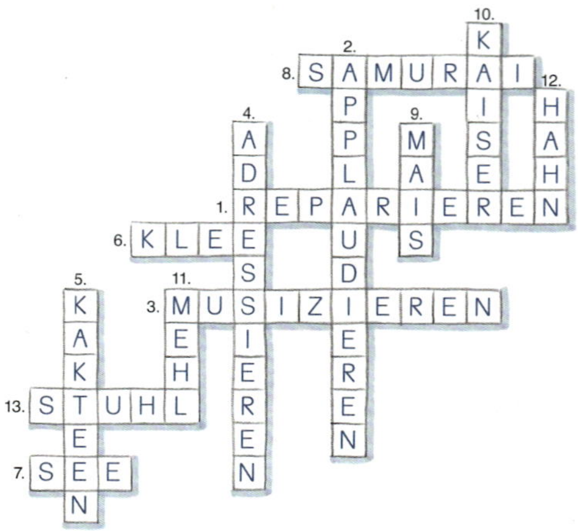

Viele Begriffe rund um eine Safari kommen aus fremden Sprachen. Diese Wörter musst du dir merken.

1 Was ist gemeint? Verbinde.

Wort	Bedeutung	Buchstabe
Safari	Reise, um Fotos zu machen	M
Jeeps	Geländewagen	Z
Savanne	Graslandschaft	L
Karawane	Reisegesellschaft	D
Ranger	Wildhüter	E
Machete	Werkzeug, Messer	A
Selfie	Selbstporträt	L
Tourismus	alles rund ums Reisen	N
Trophäe	Siegeszeichen	I

2 Die nicht durchgestrichenen Buchstaben verraten dir, wer auf Safari geht:

Es ist Leni.

3 Trage die Wörter aus Aufgabe 1 an der richtigen Stelle ein.

Die Familie ist auf einer Safari.
Die Karawane von Jeeps fährt durch die Savanne.
Ein Ranger begleitet sie.
Er hat eine Machete dabei.
Er erzählt, dass der Tourismus gut für die Gegend ist.
Es gäbe so weniger Wilderer oder Jäger, die die Tiere für die Trophäe töten.
Am Ende macht Mama ein Selfie mit ihm.

Der 5. Diktatmeister

20 min

A: Du hast ☐ von 59 Wörtern richtig geschrieben.
B: Du hast ☐ von 64 Wörtern richtig geschrieben.

Deutsch-Bonbon

1 Viele Wörter, die wir im Deutschen verwenden, kommen eigentlich aus anderen Sprachen. Sie werden Lehnwörter genannt.
Verbinde die Wörter mit ihren Herkunftssprachen. Immer drei Wörter gehören zu einer Sprache.

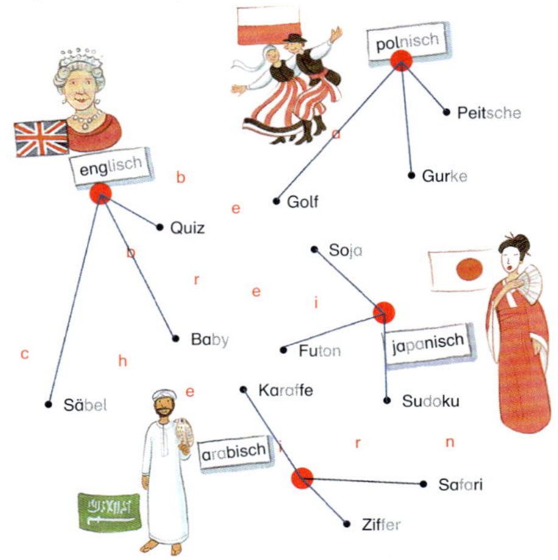

2 Die nicht durchgestrichenen Buchstaben ergeben von links nach rechts und von oben nach unten gelesen das Lösungswort:

Lehnwörter bereichern unsere Sprache.

Verben

haben einen Wortstamm und eine Endung.

1 Kreise den Wortstamm ein.

(spiel)en (sag)en (denk)en (träum)en
ver(steh)en zer(lauf)en be(sieg)en ent(lauf)en
(musi)zieren (signal)isieren
(tape)zieren (prob)ieren

2 Kreise auch hier den Wortstamm ein.

er ver(spiel)t ich be(denk)e wir ver(kauf)en

3 Schreibe die Verben mit der richtigen Endung.

Ich bastle einen Drachen.

Hanna, bastelst du mit?

Du verklebst das Kreuz.

Ich verklebe die Ränder.

Lassen wir ihn hochsteigen?

Der Drachen steigt hoch.

h-Regel: Das stumme h im Wortstamm

Wortstämme, die auf l, m, n und r enden, schreiben wir meistens mit h.

1 Mit oder ohne h? Denke an die h-Regel und schreibe die Verben.

wä ● len	wählen	le ● nen	lehnen
sa ● gen	sagen	pfle ● gen	pflegen
wo ● nen	wohnen	kü ● len	kühlen
fa ● ren	fahren	ke ● ren	kehren

2 Mit oder ohne h? Denke an die h-Regel.
Schreibe zuerst den Wortstamm und dann das gesuchte Wort.

Ernä ● rung	nähr	Ernährung
verwä ● lt	wähl	verwählt
beza ● len	zahl	bezahlen
Gefü ● le	fühl	Gefühle
anne ● men	nehm	annehmen
verza ● nt	zahn	verzahnt

Das Übungsheft Rechtschreiben 4 – Lösungen (Seite 56 – 59)

Wortfamilien

Wörter, die denselben Wortstamm haben, gehören zu einer Wortfamilie.

1 In jeder Reihe gehört ein Wort nicht zur Wortfamilie. Streiche es durch.

Essensrest	~~vergesslich~~	Essen	essbar
Bohrung	~~Gebühr~~	Bohrloch	verbohrt
Rennbahn	Autorennen	Renner	~~Rentier~~

2 Unterstreiche bei den restlichen Wörtern den Wortstamm.

Manchmal ändert sich in der Wortfamilie auch der Vokal: backen – Bäcker. Dennoch ist es eine Wortfamilie.

3 Auch hier gehört in jeder Reihe ein Wort nicht zur Wortfamilie. Streiche es durch.

Essenszeit	er isst	aufessen	~~sie ist~~
Glauben	gläubig	beglaubigen	~~Laubsauger~~
Säugling	saugen	~~Säue~~	Staubsauger
Lesebuch	leserlich	sie liest	~~Liste~~

4 Unterstreiche bei den restlichen Wörtern den Wortstamm.

Doppelkonsonant im Wortstamm

Ob ein Wort einen Doppelkonsonanten im Wortstamm hat, kann durch Verlängerung hörbar gemacht werden:

Ba l/ll? Bäl-le → Ball Ru f/ff? ru-fen → Ruf

1 Verlängere zuerst und schreibe dann das Wort.

l/ll? Ba	Bälle	Ball	t/tt? Be	Betten	Bett
f/ff? Ru	Rufe	Ruf	t/tt? Go	Götter	Gott
s/ss? A	Asse	Ass	n/nn? Pla	Pläne	Plan

2 Doppelkonsonant oder nicht? Schreibe die Wörter.

t/tt?	fe	der fette	Quark	=	fett
s/ss?	na	der nasse	Tisch	=	nass
t/tt?	ne	die nette	Frau	=	nett
d/dd?	fa	die fade	Suppe	=	fad
t/tt?	sa	das satte	Kind	=	satt

Wörter wie [Rock] hatten früher auch mal einen Doppelkonsonanten: kk.

Heute schreiben wir diese Wörter mit ck: Rock.

1 k oder ck? Verlängere zuerst und schreibe dann das Wort.

Ro	Röcke	Rock
La	Lacke	Lack
Zwe	Zwecke	Zweck
Sa	Säcke	Sack
Fle	Flecken	Fleck

2 k oder ck? Schreibe die Wörter.

er gu t	gucken	er guckt
er ki t	kicken	er kickt
er ha t	hacken	er hackt
er bli t	blicken	er blickt

3 k oder ck? Schreibe die Wörter.

verrü t	verrücken	verrückt
Spu schloss	spuken	Spukschloss
gede t	decken	gedeckt
Zwieba	backen	Zwieback

Wörter wie [Blitz] hatten früher auch mal einen Doppelkonsonanten: zz.

Heute schreiben wir diese Wörter mit tz: Blitz.

1 z oder tz? Verlängere zuerst und schreibe dann das Wort. Achtung: Zweimal ist das verlängerte Wort ein Nomen!

Bli	blitzen	Blitz
Sa	Sätze	Satz
Wi	Witze	Witz
Schu	schützen	Schutz
Klo	klotzen	Klotz

2 z oder tz? Verlängere erst den Wortstamm und schreibe dann das Wort.

er si t	sitzen	er sitzt
er pla t	platzen	er platzt
er wal t	walzen	er walzt
er schwi t	schwitzen	er schwitzt

3 z oder tz? Verlängere erst den Wortstamm und schreibe dann das Wort.

gehe t	hetzen	gehetzt
verfil t	filzen	verfilzt
zerkra t	kratzen	zerkratzt

1 Schreibe die Wörter.

t / tt	m / mm	Wa _ wur _	Wattwurm
d / dd	d / dd	Stran _ ba _	Strandbad
g / gg	l / ll	Schla _ ba _	Schlagball
t / tt	l / ll	Bre _ spie _	Brettspiel
t / tt	l / ll	No _ fa _	Notfall
d / dd	m / mm	Er _ da _	Erddamm
m / mm	l / ll	La _ fe _	Lammfell

2 Schreibe die Wörter.

l / ll	d / t	vo _ bär _ ig	vollbärtig
t / tt	b / p	na _ urtrü _	naturtrüb
s / ss	d / t	bi _ fes _	bissfest
s / ss	b / p	bla _ gel _	blassgelb
ß / ss	s / ss	schwei _ na _	schweißnass
l / ll	d / t	gre _ ro _	grellrot

1 Hier werden Wörter mit ck oder tz gesucht.

1. gedruckte Scherzsammlung — Witzbuch
2. Zimmer für Reinigungsmittel — Putzraum
3. Tier, das wir verwenden — Nutztier
4. Kot von Flugtieren — Vogeldreck
5. Sitzbank mit Winkel — Eckbank
6. knittriges Beinkleid für Frauen — Faltenrock
7. männliches Reh — Rehbock
8. Hose, die die Brust bedeckt — Latzhose
9. Der Tiger ist eine … — Raubkatze

2 Löse das Rätsel.

3 Das Lösungswort lautet: wunderbar !

Der 6. Diktatmeister

20 min

A: Du hast ___ von 56 Wörtern richtig geschrieben.
B: Du hast ___ von 59 Wörtern richtig geschrieben.

Deutsch-Bonbon

1 Löse das Rätsel.

1. höchster Berg Afrikas
2. längster Fluss Afrikas
3. Reise, um Fotos zu machen
4. grauer Dickhäuter
5. imposante, geometrische Grabstätte
6. Graslandschaft
7. rosafarbener, langbeiniger Vogel
8. anderer Name für Rhinozeros
9. Afrika ist ein großer …
10. Langhalstier
11. Schlangenart
12. schwarz-weißes Tier

2 Trage das Lösungswort ein: P E L I K A N (1 2 3 4 5 6 7)

Das Übungsheft Rechtschreiben 4 – Lösungen (Seite 64)

Deutsch-Sahnebonbon

1 Schau auf Seite 13 nach. Was für ein Tier war noch mal …

der Lefant? ⇒ E̲L̲E̲F̲A̲N̲T̲ (1)   der Iputip? ⇒ T̲I̲P̲U̲T̲I̲P̲ (6)

2 Übersetze die Hieroglyphen. Schau nochmals auf Seite 25 nach.

L E X I K O N (2)

3 Löse das Tierquadrat.

LEOPARD – DIKDIK – KRANICH – HUMMEL (4, 5)

4 Teste dein Wissen! Schau auf Seite 63 nach.

Afrika ist ein großer K̲O̲N̲T̲I̲N̲E̲N̲T̲. (7)

5 Schau auf Seite 53 nach. Aus welchem Land kommt das Lehnwort „Gurke"?

P̲O̲L̲E̲N̲ (3)

6 Schreibe das Lösungswort.

Du bist jetzt ein Rechtschreib-E̲X̲P̲E̲R̲T̲E̲.
1 2 3 4 5 6 7

4

55

56

57

58

1. Diktatmeister

2. Diktatmeister

59

60

3. Diktatmeister

4. Diktatmeister

61

63

64

5. Diktatmeister

6. Diktatmeister

Die runden Sticker sind keine Belohnungssticker fürs Wimmelbild. Benutze sie, wie du möchtest.

Mit diesem Heft übt:

____

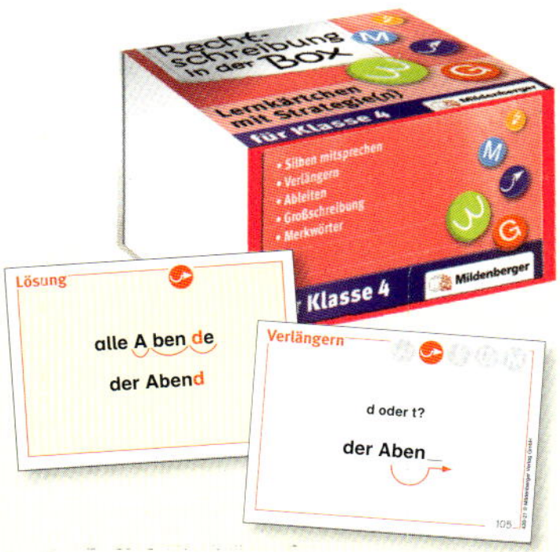

Rechtschreibung in der Box

Lernkärtchen mit Strategie(n), Klasse 4

Diese Rechtschreibkärtchen greifen das erfolgreiche Rechtschreib-Förderkonzept der Buschmann-FRESCH-Methode auf. Grundlage dieser Methode ist der Silbenaufbau der Wörter. Die Schülerinnen und Schüler lernen Verfahren – Strategien –, mit deren Hilfe sie schnell entscheiden können, welches die richtige Schreibung bei einem Wort ist.

Lernkärtchen mit Strategie(n), Klasse 4
320 Kärtchen, DIN A8 (300 Aufgaben-Kärtchen, 20 Blanko-Kärtchen)
ISBN 978-3-619-04221-0

www.mildenberger-verlag.de/457

Die pfiffige Kartenspiel-Kiste Deutsch

Mit den Karten-Sets können Ihre Schüler verschiedene Spiele spielen. Die kurzen, einfachen Spielregeln ermöglichen einen sofortigen Einsatz der Spiele zu Unterrichtsbeginn, in der Freiarbeit, im Wochenplan und im normalen Deutschunterricht – ob alleine, zu zweit, in der Gruppe oder im Klassenverband. Dabei sind u. a. rasantes Reaktions-, kreatives Denk-, sowie auditives und visuelles Wahrnehmungsvermögen gefragt. Neben dem Spielspaß lernen die Schüler fast nebenbei Buchstaben und Silben zu erlesen, sinnerfassend zu lesen, miteinander zu kommunizieren und sich an Spielregeln zu halten.

Die pfiffige Kartenspiel-Kiste Deutsch
6 Kartenspiele mit jeweils 36 Karten, Format 59 x 91 mm, in Metallbox
ISBN 978-3-619-14226-2

www.mildenberger-verlag.de/284

Grundlagentraining Mathematik

Das Übungsheft – Klasse 4

Denk- und Rechentraining

Das Übungsheft trainiert vorwiegend und ganz konsequent die unverzichtbaren Grundaufgaben.

- kleine überschaubare und konzentrierte Trainingseinheiten
- ansprechende didaktische Gestaltung
- spiralförmiger Aufbau innerhalb eines Heftes und über die jeweilige Heftreihe
- abwechslungsreiche fördernde und fordernde Aufgabenformate
- motivierendes Sticker-Belohnungssystem

Das Übungsheft – Klasse 4
84 S., vierf., Gh, 14,8 x 22 cm (größer als DIN A5), mit Lösungsheft (20 S., vierf.) und Stickerbogen – ISBN 978-3-619-45454-9

www.mildenberger-verlag.de/186

1 Schreibe die Tiernamen in das magische Quadrat.
Achtung: letzter Buchstabe = erster Buchstabe.

2 Ergänze das Lösungswort.

Das war __ __ __ __ __ __ !
1 2 3 4 5 6

Ableiten

Bei vielen Wörtern mit a und au wird die Mehrzahl mit ä und äu gebildet.

a → ä: Gans → Gänse

au → äu: Maus → Mäuse

1 Schreibe die Wörter. Bilde zuerst die einsilbige Form.

 G__nse   Gans   Gänse

 M__se   ______   ______

 H__ser   ______   ______

 Str__ße   ______   ______

 D__cher   ______   ______

 M__nner   ______   ______

2 Finde die Wörter mit a und au. Schreibe sie dann in der Einzahl und in der Mehrzahl auf.

L	L	S	B	V	A	U	N
A	O	E	L	D	T	K	A
U	M	F	A	L	L	O	U
S	A	R	T	D	L	N	I
B	U	A	T	L	C	K	I
A	P	E	T	Z	A	U	N

Laus   Läuse

______   ______

______   ______

______   ______

1 Bilde die Verben in der er-Form. Auch hier gilt: a → ä, au → äu

halten	er hält	bräunen	______
schlafen	______	raten	______
schlagen	______	graben	______
waschen	______	laufen	______
braten	______	fangen	______
fallen	______	fahren	______

2 Ergänze die Wörter und verbinde die Wortpaare.

bl äu lich

erk ____ ltet

Gem ____ lde

verw ____ hlt

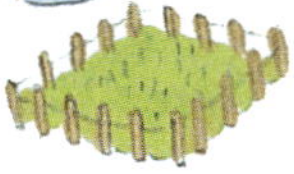
Umz ____ nung

m ä a c h z t i g

kalt
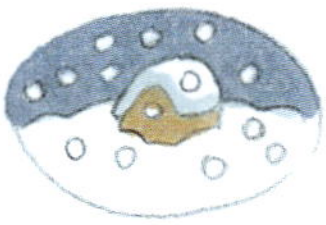

blau

Zaun
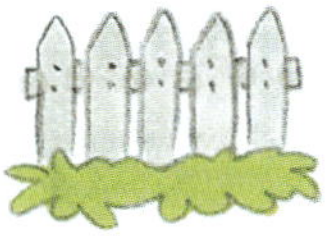

Wahl

malen

3 Die Buchstaben, die nicht durchgestrichen sind, ergeben von oben nach unten gelesen das Lösungswort:

____

Verkleinerungsform

Bei Verkleinerungsformen ändern sich die Selbstlaute.

a → ä au → äu o → ö u → ü

1 Im Raumschiff des Außerirdischen ist alles kleiner.
Ergänze die Tabelle.

groß	klein
Haus	Häuschen
Mann	
Zaun	
Tasse	
Ball	
Garten	
Apfel	
Schrank	

2 Ergänze die Tabelle.

groß	klein
Brot	
	Schälchen
	Bäumchen
Haut	
Platz	

eu oder äu?

Wenn du ein verwandtes Wort mit au findest, schreibst du ein Wort mit äu, ansonsten mit eu. Zum Beispiel gibt es kein verwandtes Wort mit au zu _ter, deswegen schreiben wir es mit eu = Euter.

1 äu oder eu? Schreibe die Wörter.

(H_te) Heute ______ ist Faschingsdienstag in

(D_tschland) ____________________.

Viele (fr_en) __________ sich auf diese Zeit.

Die (L_te) __________ verkleiden sich:

als (T_fel) __________ oder (Ungeh_er) ____________________.

Viele finden (n_e) __________ (Fr_nde) ____________________.

Die Kinder bekommen (B_tel) ______________ voller Süßigkeiten

und abends gibt es ein (F_erwerk) ____________________.

2 äu oder eu? Schreibe die Wörter.

 _ter Euter ______

 B_le ____________________

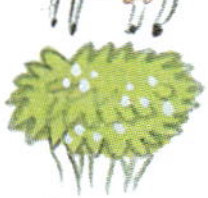 Str_cher ____________________

 Ef_ ____________________

 d_ten ____________________

 r_men ____________________

 tr_men ____________________

 l_chten ____________________

1 Schreibe die Wörter. Bilde zuerst das verwandte Wort mit a.

er erf⬭hrt	erfahren	er erfährt
er verr⬭t		
sie vergr⬭bt		
er beh⬭lt		

2 ä oder e? äu oder eu? Schreibe die Wörter.
Tipp: Überlege dir dafür ein verwandtes Wort. Leite also ab.

Malte l_äu_ft mit seinen Fr____nden über die M____rkte der Stadt.

Die Verk____fer an den St____nden l____cheln fr____ndlich.

Es gibt viel zu s____hen und zu kaufen.

3 ä oder e? äu oder eu? Schreibe die Wörter richtig auf.

F⬭cher Fächer ______ ⬭xte ______

Granat⬭pfel ______

Fahrr⬭der ______

F⬭ersch⬭lchen ______

Fr⬭ndschaftsb⬭nder ______

Bei vielen Wörtern mit ä scheint es kein verwandtes Wort mit a zu geben, z. B. Mädchen.

Aber manchmal sind diese Wörter heute ungebräuchlich: Magd → Mägdchen → Mädchen.

1 Schreibe die Wörter.

M __ dchen Mädchen → Magd

M __ nnchen ______________________

K __ fig ______________________

M __ rchen ______________________

B __ r ______________________

Erk __ ltung ______________________

Fl __ che ______________________

J __ ger ______________________

K __ fer ______________________

R __ tsel ______________________

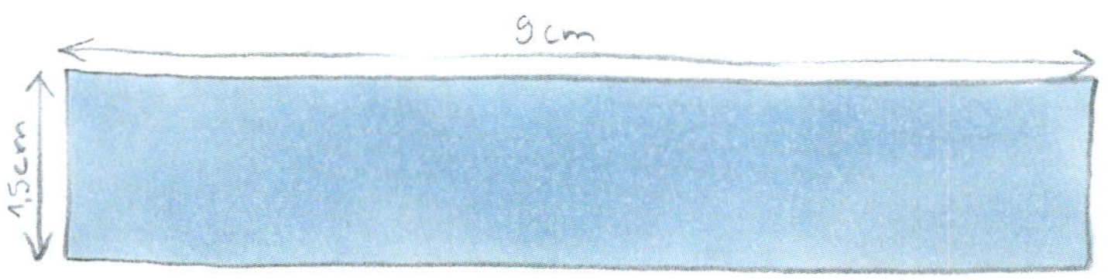

2 Ergänze zu jedem Wort ein verwandtes Wort mit a, falls du eines kennst.

1 ä oder e? äu oder eu? Schreibe die Wörter richtig.

____

(H_te) Heute machen die (M_dchen) ______________

etwas Besonderes: Sie werden

(B_ren) ____________ machen.

Nicht die Tiere, die die

(J_ger) __________ verfolgen oder

im Zoo in (K_figen) ______________

zu finden sind oder die in (M_rchen) ______________

(spr_chen) ______________ können.

Nein, sie werden (Stoffb_ren) ______________

(n_hen) __________.

Leni hat den großen Tisch in ihrem (G_rtchen) ______________ schon

(freiger_mt) ________________ und die (Fr_nde) ______________

schneiden auf der freien (Fl_che) ______________ den Stoff.

Man hört nur noch das (Ger sch) ____________________

der (Sch re) _______________, das Summen der (K fer) _____________

und den Wind in den (Str chern) ______________________.

Dann geht es richtig los. Hanna gibt sich besonders viel Mühe mit den

(N hten) _______________, Zarah macht die (glein) __________________

fest und Leni (ber t) ___________ die beiden.

Die Drei haben auch schon

(K fer) _________________

für ihre (W rke) ______________:

Die (L te) ____________, die ihr

(St ndchen) ____________________

auf dem Flohmarkt besuchen.

Jeden (ro) ____________, den sie einnehmen,

wollen sie für einen guten Zweck spenden.

2 Finde eine Überschrift zu der Geschichte. Schreibe sie in die Zeile über dem Text. Es soll ein Wort mit ä oder äu darin vorkommen.

Der 4. Diktatmeister

20 min

A: Du hast [ ] von 52 Wörtern richtig geschrieben.
B: Du hast [ ] von 55 Wörtern richtig geschrieben.

1 Was stimmt? Kreuze die richtigen Aussagen über Afrika an.

Afrika ist ein großes Land. ☐		☐ Afrika ist ein großer Kontinent.
In Afrika gibt es auf einem Berg Schnee. ☐		☐ Afrika ist ganz flach.
Elefanten kommen nur in Afrika vor. ☐		☐ Elefanten gibt es in Afrika und in Asien.
Schwimmen ist der beliebteste Sport. ☐		☐ Fußball ist der beliebteste Sport.
Afrika ist nur 14 km von Europa entfernt. ☐		☐ Afrika ist auf der anderen Seite der Erde.

f m a s z i p n i s e r e t n d

2 Verbinde die Kreuze. Von oben nach unten gelesen ergeben die Buchstaben, die nicht durchgestrichen sind, das Lösungswort:

Afrika ist ______________________________!

Fremdwörter
sind Wörter aus anderen Sprachen, oft aus dem Lateinischen. Die Verbformen enden auf -ieren.

1 Wie lautet das Verb auf -ieren?

ein Telefon benutzen → telefonieren
eine Diskussion führen → ____________
eine Notiz aufschreiben → ____________
eine Reparatur machen → ____________
eine Tapete anbringen → ____________
eine Dekoration aufstellen → ____________

not
~~telefon~~
dekor
tapez
repar
diskut

2 Ergänze.

Galopp ← → galoppieren
Applaus ← → ____________
____________ ← → protokollieren
Musik ← → ____________
Signal ← → ____________
____________ ← → alarmieren

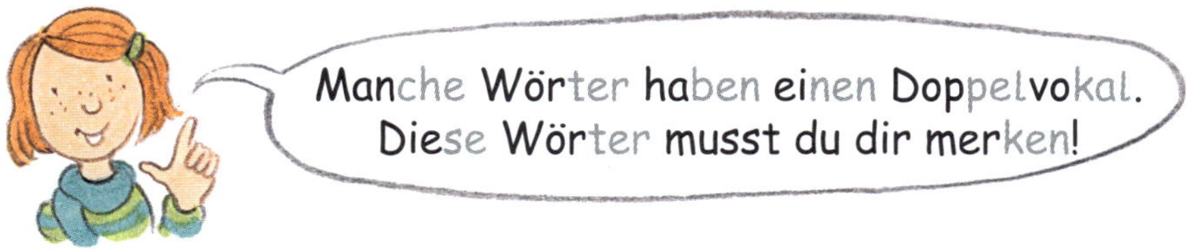

1 Welche Wörter mit Doppelvokal werden hier gesucht?

schwarze Masse der Teer

Wiesenpflanze ____________

Einfall ____________

Märchenwesen ____________

immer zwei ____________

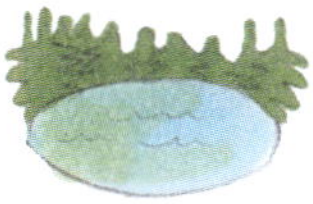
großer Teich ____________

kleines Schiff ____________

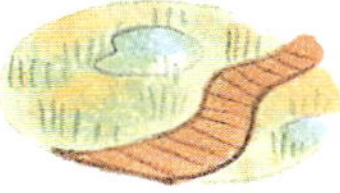
ähnlich wie Sumpf ____________

großer Raum ____________

Fläche für Pflanzen ____________

Tiergarten ____________

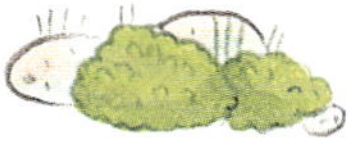
wächst auf Steinen ____________

Ozean ____________

zum Wiegen ____________

2 Bilde die Verkleinerungsform.

das Haar das Härchen

das Paar ____________

das Boot ____________

1 Trage bei allen Wörtern ai oder ei ein.

2 Verbinde alle Wörter, die mit ai geschrieben werden.
So findest du den Weg durch das Moor.

3 Wer ist wer? Welches Wort mit ai wird gesucht?

japanischer Krieger

____

Kind ohne Eltern

____

Herrscher

____

Nicht-Fachmann

____

1 Welche Wörter mit stummem h werden hier gesucht? Ergänze.

Gemüseart Kohl

… und Ehre __________

nicht Buchstabe __________

zwölf Monate __________

Metall __________

Sitzmöbel __________

nicht Henne __________

Kauwerkzeug __________

2 Und welche Wörter mit stummem h werden hier gesucht?

Nomen zu „fühlen“ Gefühl

ähnlich wie Raub __________

militärische Anweisung __________

Jagdwaffe __________

3 Löse das Sudoku. Denke daran, dass jedes Wort nur einmal in der Reihe, einmal in der Zeile und einmal im Vierer-Block stehen darf.

	kühl	kahl	
		zahm	
	lahm		kahl

1 Welches Wort mit -ieren wird gesucht?

wieder ganz machen

Beifall spenden

1. reparieren
2. ______________________

Musik machen

Empfänger aufschreiben

3. ______________________
4. ______________________

2 Welches Wort mit Doppelvokal wird gesucht?

Wüstenpflanzen

Wiesenpflanze

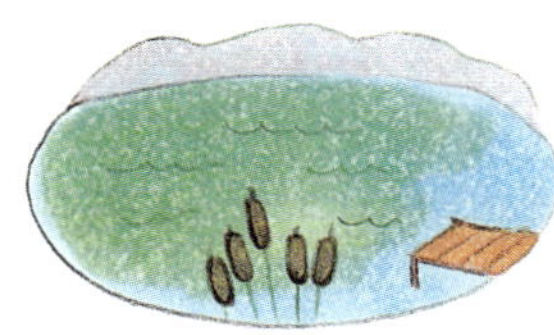

Gewässer

5. ______________
6. ______________
7. ______________

3 Welches Wort mit ai wird gesucht?

japanischer Krieger

Gemüse

Herrscher

8. ______________
9. ______________
10. ______________

4 Welche Wörter mit stummem h werden hier gesucht?

Backzutat

Vogel mit Kamm

Tisch und …

11. ______________ 12. ______________ 13. ______________

5 Löse das Kreuzworträtsel. Verwende die Wörter aus Aufgabe 1 bis 4.

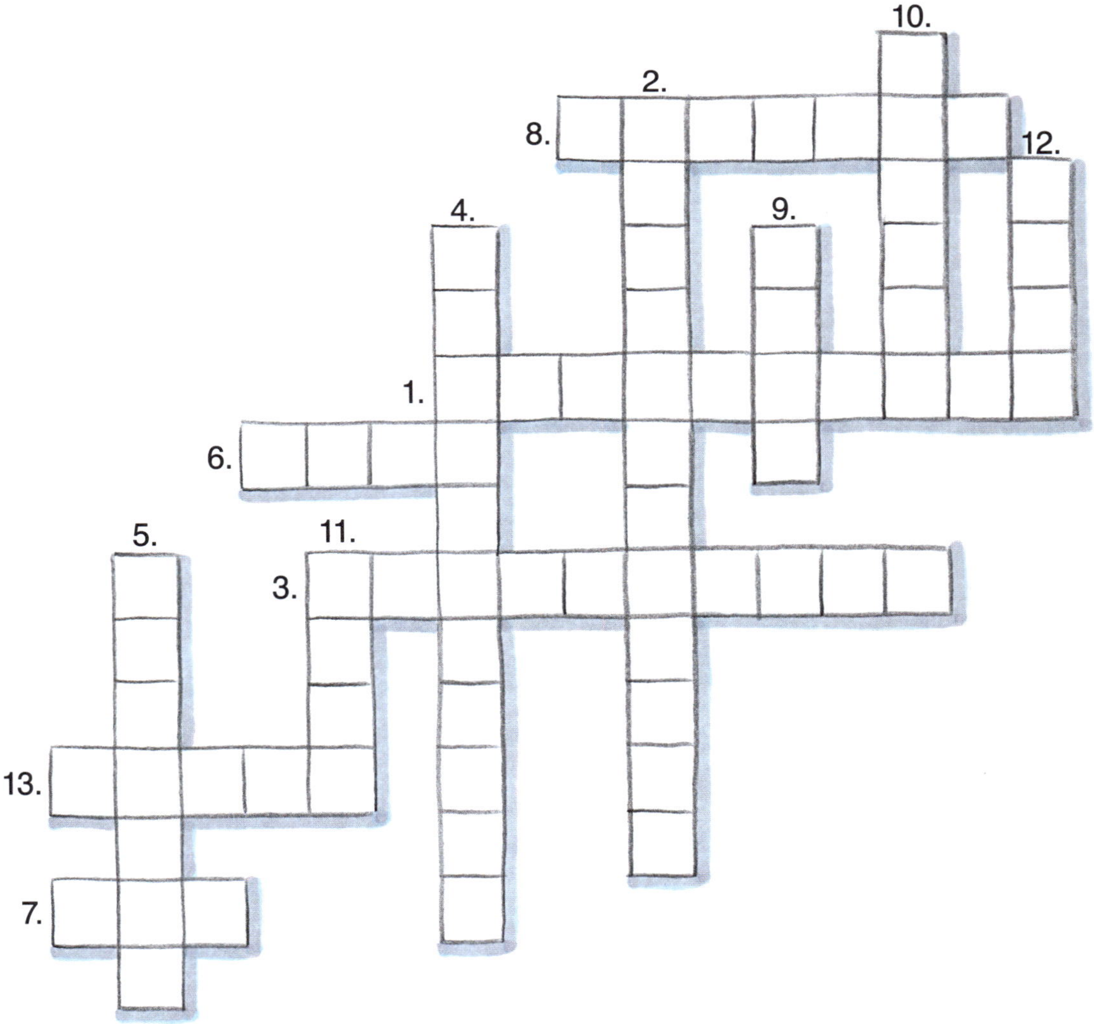

Viele Begriffe rund um eine Safari kommen aus fremden Sprachen. Diese Wörter musst du dir merken.

1 Was ist gemeint? Verbinde.

Safari	M	Graslandschaft
Jeeps	Z	Reise, um Fotos zu machen
Savanne	L	Reisegesellschaft
Karawane	D	Geländewagen
Ranger	E	Werkzeug, Messer
Machete	A	Selbstporträt
Selfie	L	Wildhüter
Tourismus	N	Siegeszeichen
Trophäe	I	alles rund ums Reisen

2 Die nicht durchgestrichenen Buchstaben verraten dir, wer auf Safari geht:

Es ist ______________.

3 Trage die Wörter aus Aufgabe 1 an der richtigen Stelle ein.

Die Familie ist auf einer  ________________.

Die  _________________________ von  _______________

fährt durch die  __________________.

Ein  ________________ begleitet sie.

Er hat eine  __________________ dabei.

Er erzählt, dass der  _________________________

gut für die Gegend ist.

Es gäbe so weniger Wilderer oder Jäger,

die die Tiere für die  ____________________ töten.

Am Ende macht Mama ein  ______________ mit ihm.

20 min

A: Du hast von 59 Wörtern richtig geschrieben.
B: Du hast von 64 Wörtern richtig geschrieben.

Deutsch-Bonbon

1 Viele Wörter, die wir im Deutschen verwenden, kommen eigentlich aus anderen Sprachen. Sie werden Lehnwörter genannt. Verbinde die Wörter mit ihren Herkunftssprachen. Immer drei Wörter gehören zu einer Sprache.

polnisch

● Peitsche

a

englisch

b

● Gurke

e

● Golf

● Quiz

b

● Soja

r

e

i

● Baby

● Futon

japanisch

c

h

e

● Karaffe

● Säbel

● Sudoku

arabisch

i

r

n

● Safari

● Ziffer

2 Die nicht durchgestrichenen Buchstaben ergeben von links nach rechts und von oben nach unten gelesen das Lösungswort:

Lehnwörter ______________________ unsere Sprache.

Verben

haben einen Wortstamm und eine Endung.

1 Kreise den Wortstamm ein.

spielen sagen denken träumen
verstehen zerlaufen besiegen entlaufen
musizieren signalisieren
tapezieren probieren

2 Kreise auch hier den Wortstamm ein.

er verspielt ich bedenke wir verkaufen

3 Schreibe die Verben mit der richtigen Endung.

Ich bastle einen Drachen.

Hanna, bastelst ____________ du mit?

Du verklebst das Kreuz.

Ich ____________ die Ränder.

Lassen wir ihn hochsteigen?

Der Drachen ____________.

h-Regel: Das stumme h im Wortstamm

Wortstämme, die auf l, m, n und r enden,
schreiben wir meistens mit h.

1 Mit oder ohne h? Denke an die h-Regel und schreibe die Verben.

wä_len	wählen	le_nen	________
sa_gen	________	pfle_gen	________
wo_nen	________	kü_len	________
fa_ren	________	ke_ren	________

2 Mit oder ohne h? Denke an die h-Regel.
Schreibe zuerst den Wortstamm und dann das gesuchte Wort.

Ernä_rung	nähr	Ernährung
verwä_lt	________	________
beza_len	________	________
Gefü_le	________	________
anne_men	________	________
verza_nt	________	________

Wortfamilien

Wörter, die denselben Wortstamm haben, gehören zu einer Wortfamilie.

1 In jeder Reihe gehört ein Wort nicht zur Wortfamilie. Streiche es durch.

Essensrest	~~vergesslich~~	Essen	essbar
Bohrung	Gebühr	Bohrloch	verbohrt
Rennbahn	Autorennen	Renner	Rentier

2 Unterstreiche bei den restlichen Wörtern den Wortstamm.

Manchmal ändert sich in der Wortfamilie auch der Vokal: backen – Bäcker. Dennoch ist es eine Wortfamilie.

3 Auch hier gehört in jeder Reihe ein Wort nicht zur Wortfamilie. Streiche es durch.

Essenszeit	er isst	aufessen	~~sie ist~~
Glauben	gläubig	beglaubigen	Laubsauger
Säugling	saugen	Säue	Staubsauger
Lesebuch	leserlich	sie liest	Liste

4 Unterstreiche bei den restlichen Wörtern den Wortstamm.

Doppelkonsonant im Wortstamm

Ob ein Wort einen Doppelkonsonanten im Wortstamm hat, kann durch Verlängerung hörbar gemacht werden:

Ba l/ll ? Bäl-le → Ball

Ru f/ff ? ru-fen → Ruf

1 Verlängere zuerst und schreibe dann das Wort.

l/ll ?	Ba	Bälle	Ball	t/tt ?	Be	______	______
f/ff ?	Ru	______	______	t/tt ?	Go	______	______
s/ss ?	A	______	______	n/nn ?	Pla	______	______

2 Doppelkonsonant oder nicht? Schreibe die Wörter.

t/tt ?	fe	der fette	Quark	=	fett
s/ss ?	na	der ______	Tisch	=	______
t/tt ?	ne	die ______	Frau	=	______
d/dd ?	fa	die ______	Suppe	=	______
t/tt ?	sa	das ______	Kind	=	______

1 k oder ck? Verlängere zuerst und schreibe dann das Wort.

	Ro	Röcke	Rock
	La		
	Zwe		
	Sa		
	Fle		

2 k oder ck? Schreibe die Wörter.

er gu t	gucken	er guckt
er ki t		
er ha t		
er bli t		

3 k oder ck? Schreibe die Wörter.

verrü t	verrücken	verrückt
Spu schloss		
gede t		
Zwieba		

Wörter wie

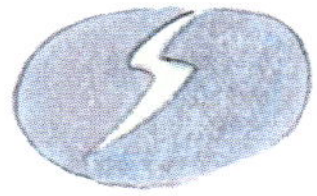

hatten früher auch mal einen Doppelkonsonanten: zz.

Heute schreiben wir diese Wörter mit tz: Blitz.

1 z oder tz? Verlängere zuerst und schreibe dann das Wort.
Achtung: Zweimal ist das verlängerte Wort ein Nomen!

Bli_	blitzen	Blitz
Sa_		
Wi_		
Schu_		
Klo_		

2 z oder tz? Verlängere erst den Wortstamm und schreibe dann das Wort.

er si_t	sitzen	er sitzt
er pla_t		
er wal_t		
er schwi_t		

3 z oder tz? Verlängere erst den Wortstamm und schreibe dann das Wort.

gehe_t	hetzen	gehetzt
verfil_t		
zerkra_t		

1 Schreibe die Wörter.

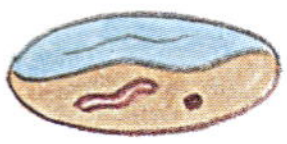 t / tt ? m / mm ? Wa ● wur ● Wattwurm

 d / dd ? d / dd ? Stran ● ba ●

 g / gg ? l / ll ? Schla ● ba ●

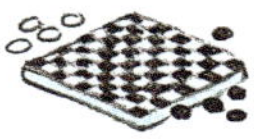 t / tt ? l / ll ? Bre ● spie ●

t / tt ? l / ll ? No ● fa ●

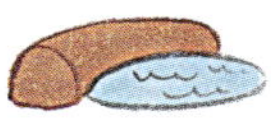 d / dd ? m / mm ? Er ● da ●

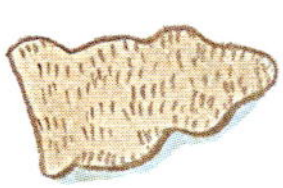 m / mm ? l / ll ? La ● fe ●

2 Schreibe die Wörter.

 l / ll ? d / t ? vo ● bär ● ig vollbärtig

 t / tt ? b / p ? na ● urtrü ●

 s / ss ? d / t ? bi ● fes ●

 s / ss ? b / p ? bla ● gel ●

 ß / ss ? s / ss ? schwei ● na ●

 l / ll ? d / t ? gre ● ro ●

1 Hier werden Wörter mit ck oder tz gesucht.

1. gedruckte Scherzsammlung ____________buch
2. Zimmer für Reinigungsmittel ____________raum
3. Tier, das wir verwenden ____________tier
4. Kot von Flugtieren Vogel ____________
5. Sitzbank mit Winkel ____________bank
6. knittriges Beinkleid für Frauen Faltenrock
7. männliches Reh Reh ____________
8. Hose, die die Brust bedeckt ____________hose
9. Der Tiger ist eine … Raub ____________

2 Löse das Rätsel.

3 Das Lösungswort lautet: ______________________!

20 min

A: Du hast ___ von 56 Wörtern richtig geschrieben.

B: Du hast ___ von 59 Wörtern richtig geschrieben.

1 Löse das Rätsel.

1. höchster Berg Afrikas
2. längster Fluss Afrikas
3. Reise, um Fotos zu machen
4. grauer Dickhäuter
5. imposante, geometrische Grabstätte
6. Graslandschaft
7. rosafarbener, langbeiniger Vogel
8. anderer Name für Rhinozeros
9. Afrika ist ein großer …
10. Langhalstier
11. Schlangenart
12. schwarz-weißes Tier

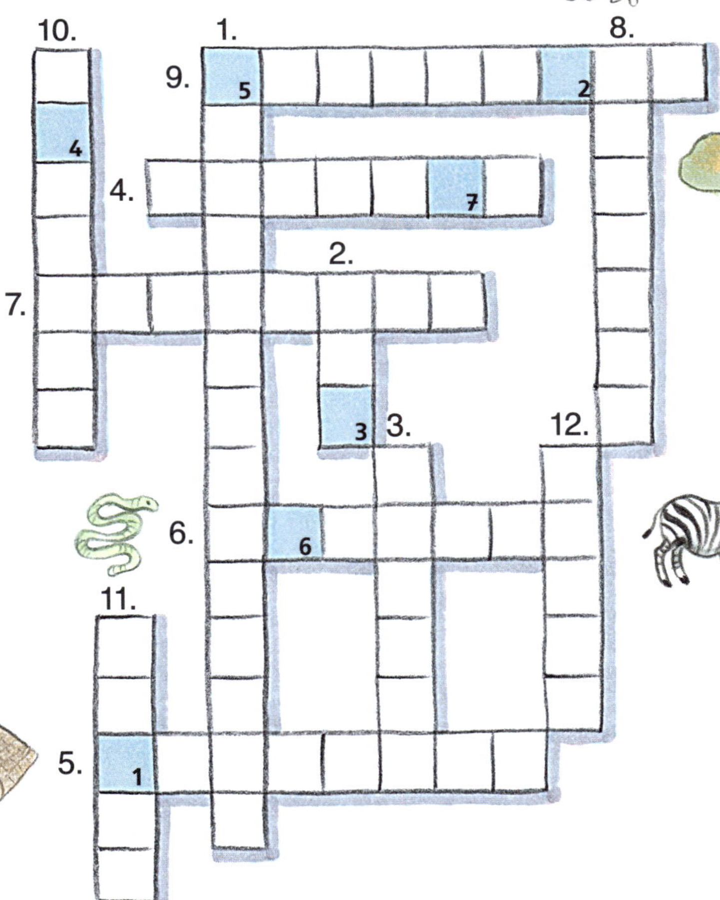

2 Trage das Lösungswort ein:

1	2	3	4	5	6	7

1 Schau auf Seite 13 nach. Was für ein Tier war noch mal …

der Lefant? ⇨ _ _ _ _ _ _ _ (1)   der Iputip? ⇨ _ _ _ _ _ _ _ (6)

2 Übersetze die Hieroglyphen. Schau nochmals auf Seite 25 nach.

_ _ _ _ _ _ _ (2)

3 Löse das Tierquadrat.

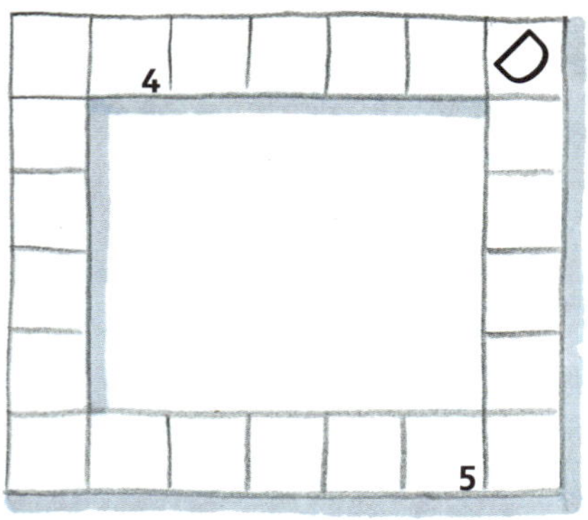

4 Teste dein Wissen! Schau auf Seite 63 nach.

Afrika ist ein großer _ _ _ _ _ _ _ _ _. (7)

5 Schau auf Seite 53 nach. Aus welchem Land kommt das Lehnwort „Gurke“?

_ _ _ _ _ (3)

6 Schreibe das Lösungswort.

Du bist jetzt ein Rechtschreib-_ _ _ _ _ _ _.
1 2 3 4 5 6 7